JUSTICE!

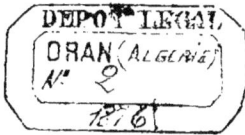

JUSTICE !

MONSIEUR,

Je n'ai jamais cherché que dans un travail opiniâtre la satisfaction de mes modestes besoins personnels et de famille.

J'étais arrivé au but qui couronne ordinairement les efforts persévérants d'un chef d'une famille dans l'intérieur de laquelle règne l'ordre et l'économie.

Un fonctionnaire notoirement connu pour la manière dont il traite les questions *de famille et d'humanité* a, par haine personnelle, renversé ma fortune si laborieusement construite.

Je combats vainement, depuis deux ans, ses manœuvres pour m'empêcher d'obtenir une réparation du préjudice qu'il m'a causé.

Je suis victime de l'influence qui s'attache à ses fonctions dans les divers services administratifs desquels dépend la solution de cette affaire. Je me suis, dès le début, adressé à M. le Gouverneur général dont les bonnes dispositions ont toujours été annihilées.

J'ai, dans cette situation, jugé indispensable de mettre à nu les menées dont je suis victime, et pour cela je réunis les nombreuses lettres que j'ai adressées à l'Administration. J'y joins les seules réponses que j'ai reçues.

J'adresse un exemplaire de ce recueil à :

1° M. le Gouverneur général de l'Algérie ;
2° M. le Ministre de l'intérieur ;
3° M. le Ministre des travaux publics ;
4° M. le Préfet d'Oran ;
5° M. le Général commandant la division d'Oran ;
6° M. le Procureur de la République d'Oran ;

7° MM. les Juges du Tribunal de commerce de Mostaganem ;

8° MM. les Membres de la section du contentieux du Conseil d'Etat ;

9° MM. les Membres du Conseil de Préfecture d'Oran ;

10° M. le Directeur des Affaires civiles de l'Algérie ;

11° M. LEGROS, inspecteur général des ponts et chaussées ;

12° M. SERVEL, directeur des fortifications à Oran ;

13° M. ROBIN, ingénieur en chef des ponts et chaussées d'Oran ;

14° M. JOLY, chef du génie de Mostaganem ;

15° M. DORMOY, ingénieur des ponts et chaussées de Mostaganem ;

16° M. POMEL, sénateur du département d'Oran ;

17° M. JACQUES, député du département d'Oran.

Je n'ai rien à ajouter à l'énormité des faits qui resultent de cette correspondance, à la lecture de laquelle votre esprit d'équité me donne l'espoir que vous consacrerez quelques instants.

Agréez, Monsieur, mes salutations les plus distinguées.

J. GERARD.

ORAN. — Imprimerie J. GERARD,

Mossaganem, le 21 Juin 1874.

Monsieur Robin, Ingénieur en chef des Ponts et chaussées du départ.
d'Oran.

Monsieur l'Ingénieur en chef,

J'ai appris d'une façon providentielle que vous avez tenu sur mon
compte des propos déshonorants. Il n'est même pas possible d'admettre qu'a-
busé par de faux renseignements vous avez cru ce que vous avez dit.

Je serais le premier à vous approuver d'avoir agi comme vous l'avez
fait contre l'Entrepreneur si vous aviez eu réellement du conducteur l'opinion
que vous avez émise, mais dans ce cas vous n'auriez pas agi d'une manière occulte comme vous l'avez fait.

Vous m'avez affirmé lorsque je vous ai demandé le motif qui
vous engageait à faire restreindre mon adjudication du 24 Mars 1873, qu'aucune question de personne ne vous guidait. Vous avez même précisé avec une
apparence de sincérité qui m'a abusé, que vous ne demandiez des adjudica-
tions spéciales que parce que mon cahier des charges du Génie était trop
vague pour des travaux importants, tels que le barrage de la Djidiouïa
et le pont du Chélif.

J'ai depuis trois jours réuni un faisceau de preuves tel qu'il serait
puéril de nier aujourd'hui que vous m'avez diffamé à propos de mes fonctions
de conducteur que vos démarches pour vous affranchir de remplir les obligations contractées vis-à-vis de moi par l'État n'ont eu pour but que de vous
débarrasser de l'Entrepreneur Gérard. J'aviserai comme entrepreneur à
sauvegarder mes intérêts et ceux de mon associé.

Je viens comme conducteur vous mettre au défi de relever contre moi aucun acte, je ne dirai pas d'improbité, mais même d'indéli-
catesse, pendant les trois années où j'ai été placé sous vos ordres.

Vous n'aviez pas à vous immiscer dans ma gestion sous la
direction de M. l'Ingénieur en chef Ancourt, mais je me mets à votre
disposition pour vous prouver que pendant cette partie de ma carrière
pas plus que quand j'appartenais à votre arrondissement, je n'ai

1

manqué à mes devoirs.

Je vous défie de formuler une accusation contre ma probité, depuis le jour de mon entrée dans l'administration des Ponts et chaussées jusqu'à celui où j'ai obtenu ma retraite, que je ne puisse renverser de la façon la plus nette.

Ma lettre de ce jour, Monsieur l'Ingénieur en chef, est officielle; je vous prie de la traiter comme telle et de ne pas obliger l'homme à s'adresser à l'homme avant d'avoir vidé la question administrative.

J'ai, dans l'espoir que vous m'accorderez toute légitime satisfaction, l'honneur de vous présenter etc...

Signé: J. Gérard.

Oran, le 4 Juillet 1875.

L'Ingénieur en chef des Ponts et chaussées à

Mr Gérard, Entrepreneur, ex Conducteur des Ponts et chaussées.

Monsieur,

M. Dormoy vient de me faire savoir que votre lettre du 27 Juin à laquelle je n'avais rien compris repose sur des déclarations de l'Entrepreneur Savy et de son compagnon.

Je ne sais dans quelles dispositions se trouvaient ces M.M. lorsqu'ils sont venus chez moi, mais ce que je puis vous dire c'est que je nie absolument m'être servi de l'expression qu'ils veulent bien me prêter.

Je me suis plaint à Mr Savy de dépenses exagérées et d'habitudes irrégulières que j'ai reconnues dans le service de Relizane et auxquelles il s'était prêté trop complaisamment.

Et pour ne pas faire d'allusions directe à l'égard d'un de vos anciens camarades qui n'est plus, je les ai fait reposer sur les Conducteurs de Relizane dont les noms me sont venus à la mémoire.

C'est ainsi que le vôtre et celui de Mr Dupuy ont été prononcés et mêlés à cette affaire; mais, je le répète, quoiqu'en disent Mr Savy et son compagnon sans avoir dit ce qu'ils prétendent et ce qui vous a si naturellement blessé, je regrette infiniment ce qui est arrivé.

Recevez, etc...

Signé: Robin.

Mostaganem, le 6 Juillet 1874.

Monsieur l'Ingénieur des Ponts et Chaussées de l'arrondissement de Mostaganem.

Monsieur l'Ingénieur,

J'ai l'honneur de vous exposer que je prends toutes les dispositions nécessaires pour exécuter votre ordre de service N° 110.

Je suis, vu l'époque avancée de l'année et les difficultés que nous éprouverions pendant la mauvaise saison si nous ne profitions pas des beaux jours qui nous restent, disposé à pousser les travaux avec la plus grande rapidité. Je vous prie donc, Monsieur l'Ingénieur, de prendre les mesures dont parle votre ordre de service.

Je vous prie de bien remarquer que je me soumets à tout ordre émanant de l'Administration par quelque service qu'il me vienne, mais que je n'adhère pas pour cela à la décision de Mr le Gouverneur Général que vous m'avez notifiée le 1er Juin dernier.

Je suis en instance pour en obtenir la révision et je me réserve tous les droits qui résultent pour moi du trouble apporté dans mon entreprise, notamment le droit de résiliation dans les conditions prévues par l'article 1794 du code civil que j'invoque s'il n'est pas fait droit à ma demande du 24 avril 1874.

Agréez, etc...

Signé: J. Gérard.

Mémoire introductif d'instance en Conseil de Préfecture adressé conformément à l'article 59 du devis général du Service du Génie, à Mr le Capitaine Johf, Commandant le Génie militaire de Mostaganem relativement à l'inobservation par l'Administration des conditions de mon marché du

24 Mars 1873.

Mon Commandant,

Les importants travaux que j'avais à exécuter en 1873 dans votre chefferie sont terminés et aujourd'hui réglés sans contestation. Il est certain qu'il en eût été de même pour les deux exercices suivants auxquels se rapporte mon marché si des complications indépendantes de votre volonté et de la mienne n'eussent surgi. La réorganisation de l'armée a entraîné une réduction dans le personnel de M.M. les Officiers du Génie en Algérie. Elles ont déterminé M. le Ministre de la Guerre à prononcer la remise aux services civils de la majeure partie des travaux en prévision desquels avait été passé mon marché du 24 Mai 1873. Ces changements de service pouvaient se faire sans entraîner d'action contentieuse de ma part puisqu'ainsi que j'ai eu l'honneur de le faire savoir par lettre en date du 24 Avril 1874 adressée à M. le Gouverneur Général, j'étais disposé à ne pas me prévaloir du trouble qu'entraînait pour moi la répartition entre trois services des travaux auxquels j'aurais dû, aux termes de mon contrat exécuter sous une seule direction. Je n'exigeais que l'observation par l'administration de la base principale de mon marché du 24 Mai 1873, c'est-à-dire quelque travail à exécuter sur les fonds du Budget de l'Algérie, du département ou de la commune subdivisionnaire d'Oran pendant les exercices 1873, 1874 et 1875, dans le district de Mostaganem, tel qu'il existait le 26 Mars 1873 me fut réservé quelque soit le service chargé de le faire exécuter.

Cette proposition décelait mon esprit de conciliation puisqu'il est indiscutable que j'ai droit à la résiliation avec indemnité, de mon marché du moment où l'Administration me causera trouble grave par le changement de direction de mes travaux pour lesquels je suis obligé d'avoir à faire au génie militaire pour les fonds de la commune subdivisionnaire, aux Ponts et chaussées pour les travaux soldés sur le Budget de l'Algérie et à la Voirie départementale pour les travaux exécutés sur les fonds du Budget départemental. Elle était trop favorable aux intérêts de l'État de la Commune subdivisionnaire du département

pour ne pas avoir été acceptée avec empressement par l'Administration Supérieure qui aurait ainsi sauvegarder les intérêts publics sans léser les miens si l'instruction à laquelle elle a donné lieu n'eût été viciée par des interventions perfides
dont j'ai saisi la trace, mais dont je n'ai jusqu'à ce jour obtenu qu'une réparation
morale, monsieur l'Ingénieur en chef des Ponts et chaussées m'ayant renvoyé au
service du Génie pour réclamer les indemnités auxquelles me donnent droit
les mesures administratives qui n'auraient à son dire été prises qu'à l'instigation du service du Génie.

Ces insinuations, que vous ne pouvez ignorer, ont déterminé une
décision du 18 Mai 1874 N° 3067, 2° Bureau, qui m'a été notifiée le 1er Juin
suivant, prise par monsieur le Gouverneur Général, contrairement à mes
intérêts et à mes droits.

Je viens réclamer la réparation du préjudice qu'elle m'a causé en
me conformant aux prescriptions de l'article 59 du devis général qui règlent
la marche à suivre pour la production des réclamations par l'Entrepreneur.

        Objet de la réclamation — Le 24 mars 1873 un
contrat a été passé entre l'État, le département et la commune subdivisionnaire d'Oran, d'une part et moi de l'autre. Il est devenu définitif à la
date du 26 mars 1873 par l'approbation de M. le Général commandant
la division d'Oran. Vous en connaissez mieux que qui que ce soit l'esprit
et la volonté des parties au moment où il a été passé puisque non seulement vous êtes
le rédacteur de toutes les pièces de l'adjudication, mais qu'en outre l'affiche indiquait (article 6) votre Bureau comme étant le seul endroit
où l'on pût prendre des renseignements. Je sais trop, Mon commandant,
qu'aucune considération ne vous ferait transiger avec la vérité pour
n'pas vous adresser sans crainte les deux questions suivantes qui
établissent mes droits :
1° N'avez-vous pas entendu m'adjuger tous les travaux civils dépendant des Budgets du Gouvernement Général de l'Algérie, du
département et de la Commune Subdivisionnaire d'Oran qui
seraient exécutés pendant les exercices 1873, 1874 et 1875 dans le

circonscription du Génie militaire de Mostaganem telle qu'elle existait le 24 Mars 1873, sous la seule réserve pour le Génie de faire exécuter
directement par la main d'œuvre militaire ou des corvées arabes les
ouvrages qu'il jugerait utile de faire ainsi ?

2° Avez-vous jamais pensé, ni aucun de mes concurrents ni moi quel'administration pourrait en confiant l'exécution aux Ponts-et-chaussées
ou à tout autre service public, priver l'Entrepreneur qui lui four avanta-
-ges et vice-versa, lui imposer les travaux ruineux que les Ponts-et-chaus-
-sées recèderaient au Génie militaire à cause des difficultés pour son personnel de surveiller des travaux en pays désert ?

Telle est cependant la position qui m'est faite et contre laquelle
il me paraît impossible d'être obligé de recourir à la justice faute d'ob-
-tenir de l'équité de l'administration la réparation qui m'est due.

Où serait donc maintenant cette compensation que je devrais désir-
-vous trouver dans les grands travaux, aux pertes certaines que vous avez
reconnu vous-même exister sur les ouvrages détachés formant selon vous
la partie onéreuse de mon contrat ?

Vous avez dans le courant de Mai 1874 fait remise aux Ponts-
et-chaussées de tous les travaux civils du district de Mostaganem autres
que ceux à exécuter sur les fonds de la commune subdivisionnaire
notamment du Barrage à faire sur les Djidioüia, de la route
à ouvrir du Pont-du-Chélif, du pont à construire sur ce fleuve, de
la route de Pont-du-Chélif à Nekmaria et des villages restant à
créer dans le Sahra, notamment Nekmaria dit Mohamed
ben ali. Les Ponts-et-chaussées me font exécuter la route de
Sidi-ali à Nekmaria, ont mis en adjudication le Barrage de la
Djidioüia, se préparent à en faire autant pour le Pont du
Chélif ; mais vous ont réservé pour que vous me l'imposiez
parce qu'elle est onéreuse la construction du village de Mohamed
ben ali.

Il saute aux yeux de quiconque connaît les travaux et le

localisé qu'on me retire les seuls ouvrages qui, par leur importance et leur proximité de la voie ferrée pourraient me donner des bénéfices et qu'on laisse à ma charge tous ceux placés dans des conditions défavorables, surtout ceux de la commune subdivisionnaire.

La distinction entre les travaux commencés en 1873 et ceux qui ne l'auraient pas été, sur laquelle cherche à se baser la décision de Mr. Le Gouverneur Général est inexacte. Vous savez qu'en 1873 j'ai travaillé aussi bien à la Djidionia et au chemin du Rion à Mazonna qu'à la route de Nekmaria et aux villages de Vaillis, Bosguer et de Cassaigne. Cette distinction fût-elle exacte au lieu d'être erronée ne caractériserait rien. Mes droits ne sont pas limités aux travaux commencés en 1873; ils s'étendent à tous ceux qui seront exécutés en 1874 et 1875 dans les limites indiquées aux pièces de mon adjudication.

Conclusion — J'exécute et exécuterai tous les travaux cédés ou rétrocédés qui me seront commandés en vertu de mon marché quelque soit le service public qui me les commandera; mais je considère comme ne m'étant enlevés qu'en vertu de l'art. 1794 du Code civil tous travail qui sera fait par un autre entrepreneur que moi dans le district de Mostaganem, tel qu'il existait le 24 mars 1873, sur les fonds du Budget de l'Algérie, du département ou de la commune subdivisionnaire d'Oran pendant les exercices 1874 et 1875. Je réclamerai la réparation du préjudice causé ainsi qu'il est stipulé en l'article 1794 précité. Je demande d'hors et déjà à l'administration l'indemnité à laquelle j'ai droit pour m'avoir retiré la construction du Barrage de la Djidionia. Cette indemnité ne saurait ainsi quelques preuve l'adjudication du 1er Août 1874 être fixée à moins de vingt pour cent du montant des travaux.

Je vous prie, Mon Commandant, de donner à ma juste réclamation la suite qu'elle comporte; j'espère que votre avis me sera favorable et que, passé par Mr. le Directeur des fortifications il empêchera l'administration de se fourvoyer davantage dans la fausse voie où elle s'est engagée pour des raisons spécieuses dans des intentions que je veux croire bonnes mais qui, en tout cas, n'ont pas été heureuses; car pour enlever le barrage de la Djidiouïa à un entrepreneur, à cause de son titre de conducteur des Ponts et chaussées en retraite on l'a adjugé à un entrepreneur qui ne serait dit-on qu'associé d'un conducteur des Ponts-et-chaussées depuis peu de jours en congé illimité. Ce travail, si le fait que je relate d'après un bruit public, est exact, n'en sera pas moins bien exécuté, loin de là, mais il en elève sous prétexte aux mesures dont j'ai été victime.

Mostaganem, le 2 Août 1874.
Signé: S. Girard.

—————————————

Mostaganem, le 31 Août 1874.

Monsieur le Général Osmont, Commandant la Division d'Oran.

Mon Général,

Vous avez, par décision du 16 février 1873, prescrit d'adjuger les travaux dépendant du service du Génie, à exécuter dans le district de Mostaganem pendant les exercices 1873, 1874 et 1875.

Votre décision a reçu son exécution le 24 Mars suivant et le 26 même mois, vous avez approuvé l'adjudication tranchée à mon profit. Cette formalité a rendu le marché obligatoire pour les deux parties contractantes.

Vous venez, Mon Général, de parcourir votre division; vous avez examiné avec trop de sollicitude les travaux publics pour ne pas avoir remarqué que j'ai rempli consciencieusement mes obligations. Je puis même dire avec fierté, que malgré les difficultés que m'ont causé des allocations trop tardives de crédits j'ai exécuté mes travaux avec une perfection qu'on ne devait pas espérer dans des localités aussi dépourvues de ressources qu'elles l'ont jamais paru-t-être,

Inkermann, la route de Mazouna, celle de Nekmaria et les villages de Cassaigne, Ouillis et Bosquer.

L'Administration, au contraire, a manqué vis-à-vis de moi à ses obligations les plus strictes, car le service du Génie ayant été obligé par suite de réduction dans son personnel, de faire remise à celui des Ponts-et-chaussées d'une partie des travaux en vue desquels j'avais pris l'adjudication du 24 mars 1873, il n'a pas été stipulé sur le procès-verbal de remise que j'étais entrepreneur pour trois années des travaux civils du district de Mossa-ganem.

Je n'entrerai pas ici dans le détail des moyens inqualifiables employés par le service des Ponts-et-chaussées pour arriver à remettre en adjudication les travaux sur lesquels je pouvais réaliser des bénéfices et me faire exécuter par des rétrocessions au service du Génie les travaux onéreux.

Le fait est que le barrage de la Djidiouia que je devais exécuter au printemps dernier et dont le projet dressé par le Génie avec le prix et le rabais de mon adjudication avait été approuvé par le Gouverneur Général, m'a été retiré.

Cet ouvrage qui serait aujourd'hui exécuté n'est, vous le savez, pas même adjugé au grand détriment de la population de l'intéressant village de St Aimé que la misère dévore.

Je suis obligé de réclamer une indemnité pour le préjudice que l'Administration m'a causé, mais on essaye même de me discuter le droit que j'ai de l'avouer, Monsieur le Capitaine Jolly, rédacteur des pièces de mon marché n'ayant jamais méconnu.

Je vous prie, Mon Général, de revoir votre décision du 16 février 1873 et de me faire connaître si l'intention de l'Administration n'était pas à ce moment d'adjuger sans exception ni réserve tous les travaux civils du district de Mostaganem.

Vous savez trop bien, Mon Général, qu'une administration doit être aussi équitable qu'elle est puissante, pour me refuser l'arme que je ne vous demande que dans l'espoir qu'elle me dispensera pour obtenir justice de recourir aux tribunaux administratifs.

Veuillez agréer, etc...

Signé : J. Gérard. J.

Mostaganem, le 12 Novembre 1874.

Monsieur Robin, Ingénieur en chef des Ponts et chaussées du département d'Oran.

Monsieur l'Ingénieur en chef,

Lorsque je me suis rendu à votre bureau, ainsi que je vous l'avais annoncé par lettre du 8 juillet dernier, vous m'avez dit ; paraissant vous désintéresser dans la question qui avait fait l'objet de notre correspondance, que Mr le Gouverneur Général ayant décidé, sur l'avis du Génie, que le barrage de la Djidiouia devait faire l'objet d'une adjudication nouvelle, je n'avais qu'à formuler ma demande en indemnité.

Je n'ai pas voulu dans mon mémoire introductif d'instance parler des moyens que vous aviez mis en œuvre pour circonvenir Mr le Directeur des fortifications au point de ne tenir aucun compte du rapport de Mr. le commandant du Génie de Mostaganem et d'adresser à l'Administration supérieure des conclusions diamétralement apposées à celles de Mr. Joly qui mieux que personne connaissait la volonté des parties au moment du contrat puisqu'il l'avait rédigé, toutes les pièces du marché, procédé à l'adjudication et fourni aux concurrents les renseignements d'usage.

Ma délicatesse vous faisait un devoir de ne pas soustraire aux regards du Général, ainsi que vous l'avez fait, le rapport de Mr. l'Ingénieur de l'Arrondissement de Mostaganem qui concluait dans le même sens que Mr Joly, Que c'est à tort que l'on a distrait de mon adjudication le barrage de la Djidiouia et qu'il y a lieu de nommer des experts.

Je vous prie de joindre au dossier du Conseil de Préfecture.

le rapport de Mr. Labouré et de provoquer l'avis de Mr. Solly, vous déclarant que je ne reculerai devant aucun moyen pour que ces — pièces capitales éclairent la religion du Conseil de Préfecture, et le cas échéant, du Conseil d'État, devant lequel vous m'avez, avant-hier, menacé de porter l'affaire quand vous aurez succombé en première instance.

Recevez, etc...

Signé : J. Gérard./.

Mostaganem, le 19 Novembre 1874.

Monsieur Vigros, Inspecteur Général des Ponts et chaussées à Alger.

Monsieur l'Inspecteur Général,

Je soussigné, conducteur des Ponts et Chaussées en retraite, Entrepreneur de travaux publics à Mostaganem, ai l'honneur d'user auprès de vous, de mon droit de recours au supérieur, contre les actes de Mr. l'Ingénieur en chef des Ponts et chaussées du département d'Oran.

Ma qualité d'entrepreneur rend ma démarche surprenante de prime abord, et elle le paraît d'autant plus que je n'ignore pas l'esprit de corps qui anime Messieurs les Ingénieurs de l'État ni les liens de confraternité qui unissent les anciens élèves de l'école Poly-technique.

La plainte que je vous adresse, Monsieur l'Inspecteur Général, prouve simplement que j'appartiens à la catégorie d'entre-preneurs trop rares peut-être dans la province d'Oran, qui, confiants dans leur activité dans leur activité et leur savoir ne demandent aux faveurs de personne des bénéfices qu'ils ne recherchent que de leur travail sagement conduit. Elle vous montre en outre que malgré les sentiments, si respectables dans certaine limite, que je vous suppose, je vous crois incapable de couvrir de votre responsabilité des actes répréhensibles de vos subordonnés, quelles que soient les relations affectueuses que vous puissiez entretenir avec leur auteur.

Je me plains donc à vous, Monsieur l'Inspecteur général, en toute confiance en mon bon droit, de ce que Mr. Robin a, par haine personnelle contre moi, abusé des positions pour me nuire et employé pour cela des moyens indignes d'un fonctionnaire et même d'un honnête homme dans toute l'acceptation du mot.

Je pourrais formuler plus sévèrement ma plainte. Je préfère laisser ce soin à des faits que je vous signalerai sur les lieux et dont vous pourrez reconnaître la sincérité dans votre prochaine tournée dans la province d'Oran. J'ai l'honneur de vous transcrire ci-après, textuellement, ma correspondance avec Mr. Robin, elle suffira tout d'abord à vous mettre un peu au courant de la question.

J'ai l'honneur de me tenir à votre disposition, Monsieur l'Inspecteur Général, pour vous fournir en tel lieu et à tel jour qu'il vous plaira de m'assigner, les explications que vous pourrez désirer. Je vous prie de me les demander au plus tôt, car mon but doit être atteint en temps utile par tous les moyens honorables, ainsi que je le dis dans ma lettre du 12 Novembre. Je serais très heureux si je pouvais éviter le scandale ainsi que j'en exprimais l'intention dans ma lettre du 8 juillet dernier.

Agréez, etc...

Signé: J. Gérard.

Mostaganem, le 11 février 1875.
Monsieur Servel, directeur du Génie d'Oran.
Colonel,

Votre notification du 4 février qui m'a été remise hier m'oblige à constater une fois de plus que je suis menacé chaque fois que je veux faire respecter mes droits.

Je proteste de toutes mes forces contre cette notification qui déplace les responsabilités en m'attribuant le non-achèvement des travaux.

Je prie l'Administration de porter des termes vagues dans lesquels elle
se tient et de me dire quels sont les moyens d'action qu'elle exige si elle trouve
insuffisant ceux que j'emploie. Qu'elle me fasse connaître les ordres réitérés qui ont
été enfreints. Le dix novembre on m'a, il est vrai, reproché de n'avoir pas encore
fait à Renault ce qui ne m'était commandé à Mostaganem que par ordre du
28 octobre. Je n'ai pas eu de peine à me justifier de cette accusation et à démontrer
par lettre du 11 Novembre que j'avais poussé les approvisionnements avec une
célérité préjudiciable à mes intérêts.

Je ne comprends pas une menace de résiliation en ce moment, elle ne
peut concerner les travaux de l'exercice 1874 qui ne peuvent se prolonger au-
delà du 31 janvier 1875. Elle ne peut non plus concerner l'exercice 1875 au sujet
duquel aucun crédit ne m'a été annoncé et aucun travail commandé.

Agréez, etc...

Signé J. Gérard.

Mostaganem, le 10 février 1875.

À Monsieur le Capitaine président du Conseil d'administration
de l'atelier N° 5, à Mers-el-Kébir.

Commandant,

J'ai l'honneur de vous accuser réception de votre honorée du
7 courant dans laquelle vous me rappelez les conditions de notre marché.
Je vous prie de remarquer que j'ai toujours régulièrement payé le montant
de chaque quinzaine à M. le Comptable qui a la complaisance, ce dont je
le remercie, de passer chez M. Pasteur pour y prendre les fonds.

J'ai, afin d'éviter tout retard, donné procuration à M. Barthe, de
toucher mes mandats au moyen desquels il solde l'atelier, la plus grande ponctualité lui est recommandée.

M. Barthe n'a, il est vrai, pas payé la deuxième quinzaine de
janvier, la raison en est qu'il n'a pas lui-même touché de l'État le montant de ce qui me revient. Il est superflu de vous dire les causes auxquelles

le non-ordonnancement par Mr. l'Ingénieur en chef de mes mandats, elles seront révélés en temps utile à qui de droit.

Je crois que vous devez, pour mettre votre responsabilité à couvert, prévenir la division que je n'ai pas payé la deuxième quinzaine de Janvier, et que je donne pour raison que je ne puis le faire avant que le service des Ponts et chaussées m'ait réglé le montant des travaux dont les situations se promènent du Conducteur à l'Ingénieur, de celui-ci à l'Ingénieur en chef & Vice-versa.

Je ne sais pas ce que décidera Mr. le Général, mais ce qu'il y a de certain c'est que cette question arrête mon travail et désorganise mon chantier, il y aura quelqu'un de responsable du préjudice causé, et selon moi c'est Mrs l'Ingénieur en chef des Ponts et chaussées.

Agréez, etc...

Signé: G. Gérard.

Mostaganem, le 11 février 1875.

A Monsieur le capitaine Commandant l'Atelier n° 5
Mers-el-Kébir,

Commandant,

Je regrette énormément ce que vous a dit Mr. Pasteur, il l'a fait dans un bon but certainement, connaissant ma ponctualité à toujours payer l'Atelier, il a cru trouver la cause de mon retard dans un différend sur la somme due.

Il ne peut en être ainsi, je paierais toujours, même une somme réclamée par erreur, attendu que le conseil serait le premier à la constater et à la réparer le cas échéant.

Ma lettre précédente vous le dit, Je ne paie pas — parce que Mr. l'Ingénieur pour des motifs que je n'ai pas à discuter, attendu que je ne les connais que d'une manière officieuse, ne me fait pas payer le montant de mes travaux.

Il ne m'est pas possible de payer si on ne me paie

pas. Telle est la fin de ma lettre que je n'ai ni envie ni intérêt de cacher.

Agréez, etc ...

Signé : J. Gérard.

Mostaganem, le 17 février 1875.

A Monsieur Mille, Ingénieur ordinaire des Ponts et chaussées
à Mostaganem.

Monsieur l'Ingénieur,

Je n'ai pu obtenir encore, malgré mes pressantes sollicitations, que vous me fassiez payer jusqu'à concurrence des onze douzièmes des travaux que j'ai faits sous votre direction pendant l'exercice 1874.

Mes droits, quoique clairement définis à l'article 56 du devis général ont été méconnus, ce qui donne sujet à une action contentieuse.

Je vous ferai remarquer en outre que vous violez sur un autre point les conditions de mon contrat. L'article 59 du devis général qui prévoit les difficultés qui peuvent s'élever entre l'entrepreneur et l'administration fixe la manière dont elles doivent être instruites. Ce n'est qu'en cas de désaccord entre l'Entrepreneur et vous qui représentez le chef du Génie de Mostaganem qu'on doit prendre la décision de Mr l'Ingénieur en chef qui remplace dans l'espèce le Directeur du Génie.

Vous ne voulez rien prendre sur vous et consultez au préalable surtoute chose la volonté de Mr Robin qui m'a, en diverses circonstances manifesté une haine mon dissimulée. Vous subordonnez cette volonté à l'exécution des conditions les plus claires de mon marché.

Vous m'avez fait savoir ce matin que Mr Robin se moquait pas mal qu'il trouvait avoir assez fait d'avances à l'entrepreneur et n'en voulait plus faire.

J'accepte cette baroque réponse comme la décision prévue à l'article 59 précité. Je vais m'adresser à Mr le Gouverneur Général, mais je somme l'administration de procéder en ma présence à la constatation prévue au 2e paragraphe de l'article 59.

Agréez, etc...

Signé : J. Gérard.

La réponse de M. Robin a été modifiée ainsi qu'il suit par M. Mille, qui a craint d'être allé trop loin en me donnant connaissance des propres termes de la Note de M. l'Ingénieur en chef :

« persiste dans son refus de me payer. »

J'ai, pour être agréable à M. Mille remplacé les 22 mots de ma lettre, par les sept autres ci-dessus, en recommandant à M. Mille de garder la note de M. Robin dont je voulais exiger la production.

Mostaganem, le 23 février 1875.

À Monsieur Mille, Ingénieur ordinaire de l'Arrondissement de Mostaganem.

Monsieur l'Ingénieur,

Le pont de 1m 50 d'ouverture qui a été construit au Novembre dernier entre Laurosa et Calgror a été détruit à la suite des pluies torrentielles du mois de décembre. M. le Conducteur des Ponts et chaussées, en rendant compte des dégâts causés par l'orage du 26 au 28 décembre a déclaré, du moins il me l'a assuré, qu'aucun accident ne pouvait être attribué à l'entreprise.

J'ai donc été fort surpris quand vous m'avez dit hier que M. Bonnel cherchait aujourd'hui à attribuer à une mauvaise composition des mortiers le renversement de ce ponceau. Je le suis bien davantage aujourd'hui quand j'apprends que l'on fait refaire le ponceau de manière à empêcher un examen sérieux des causes de cet accident.

Je proteste contre une pareille façon d'agir et vous déclare, ainsi que je vous l'ai dit aussitôt que vous m'avez parlé des préventions de l'Administration, que l'ouvrage a été projeté par elle dans des conditions d'économie qui ne lui permettaient pas de résister aux poussées qu'il a eu à subir,

surtout quand sans recrépers on a dégarni le derrière de la culée gauche pour
la réparer. Il me sera facile de le démontrer à quiconque possède les pre-
-mières notions de construction.

Agréez, etc ...

Signé : J. Gérard. /

Mostaganem, le 23 février 1875.

À Monsieur le Gouverneur Général de l'Algérie.

Monsieur le Gouverneur Général,

J'ai l'honneur de vous informer que Mr. Robin, Ingénieur en chef
des Ponts et chaussées d'Oran ne m'ordonnance pas depuis deux mois le montant
des situations réglant le travail que j'ai fait exécuter sur la route de Bou-du-
chelif à Nebmaria dont vous m'avez malgré lui conservé l'entreprise. Il m'a
mis ainsi dans l'impossibilité de payer mes ouvriers et de nourrir mes animaux.

J'ai la conviction que Mr. Robin n'a été guidé que par un esprit de
vengeance résultant de ce que je poursuis au conseil de Préfecture la réparation d'un premier préjudice qui m'a été causé à son instigation.

Le droit a paiement résultant du texte clair et précis de l'article
56 du devis général du Génie applicable à mon marché a été dédaigneusement
méconnu. Je suis obligé d'exiger de l'Administration Trente Mille francs
de dommages-intérêts pour la réparation du préjudice que me cause le
retard malveillant mis à me payer.

J'ai vainement sollicité la constatation de ce préjudice suivant
les règles édictées à l'article 59 du devis général précité.

J'ai la profonde conviction, Monsieur le Gouverneur Général,
que vous me ferez justice car il n'y a pas de plus grosse entrave à la bonne
exécution des travaux publics que j'exécuterais dans la province d'Oran que
l'arbitraire qui dicte la conduite de certains Administrateurs.

J'ai l'honneur d'être, etc ...

Signé : J. Gérard. /

Mostaganem, le 23 Février 1875.

A Monsieur le Capitaine Commandant l'Atelier des travaux N° 5,

à Mers-el-Kébir,

Commandant,

J'ai l'honneur de vous accuser réception de votre honorée en date d'hier. Je vous confirme mes deux précédentes. La situation n'a pas changé, faute d'être soldé par l'Administration de ce qui m'est dû, je ne puis donner à l'atelier ce qui lui revient.

Malgré mes pressantes sollicitations, M.r l'Ingénieur en chef ne m'a fait savoir qu'hier qu'il donnait des ordres pour faire décompter ce qui m'est dû. Qui sait ce que peut durer cette formalité à remplir par un service qui a mis deux mois pour savoir que j'avais droit à être payé ?

Je vous le répète, tant que Messieurs les employés de l'État, chargés de ce soin ne m'auront pas fait solder, je ne pourrai pas payer l'atelier.

Je vous préviens du reste que je ne prête pas la main à une combinaison borgne par laquelle on voulait solder l'atelier sans régler les ouvriers civils. Un service peut plutôt attendre que les malheureux pères de famille auxquels après avoir donné jusqu'à mon dernier sou, je ne puis donner le salaire qui est nécessaire à leur existence.

Prenez vos mesures, je vous y engage de toutes mes forces, pas de palliatifs qui sont préjudiciables aux honnêtes gens, parce qu'ils donnent le temps aux autres de dénaturer les situations. Tranchez, je vous prie.

Agréez, etc...

Signé : J. Gérard.

Mostaganem, le 11 Avril 1875.

A Monsieur le Gouverneur Général de l'Algérie.

Monsieur le Gouverneur Général,

J'ai eu l'honneur de vous adresser à la date du 23 février dernier une réclamation au sujet de mon ordonnancement par M.r l'Ingénieur en chef du département d'Oran, du montant des travaux que j'exécute sur la route de Pont du Chélif à Nekmaria. Il ne m'a, depuis cette époque, jusqu'à ce jour été payé qu'une somme correspondant à peu près au montant des travaux faits à nouveau, de telle sorte que l'arriéré reste le même.

Je me trouve dans la nécessité de vous prévenir que le préjudice que j'éprouve s'accroît chaque jour, mes fournisseurs, malgré les sacrifices que j'ai supporté pour les faire patienter ne veulent plus attendre. Je reçois de la maison Barthe et Cⁱᵉ une lettre qui me met en demeure de solder une somme de trente cinq mille francs dont je suis à découvert vis à vis de ce seul fournisseur. Je dois dix mille francs à la maison Bruyas qui veut être payée, et pareille somme à divers autres fournisseurs qui me menacent.

Je me trouve donc à découvert au delà de mon capital de cinquante-cinq mille francs dans une entreprise pour laquelle l'affiche annonçant l'adjudication disait que les concurrents devaient pouvoir disposer de quinze mille francs.

Je ne sais comment les rapports administratifs vous expliqueront cette situation dont je suis accablé mais je reste persuadé qu'elle n'est due qu'à la cause que je vous ai signalée dans ma lettre précitée.

J'ai l'honneur d'être, etc...

Signé: Y. Gérard.

Mostaganem, le 1ᵉʳ Mai 1875.

A Monsieur le Gouverneur Général de l'Algérie.

Monsieur le Gouverneur Général,

J'ai eu l'honneur de vous exposer, par lettre du 23 février dernier, que l'Administration ne me payant pas, contrairement aux conditions de mon marché du 24 mars 1873, les sommes qui m'étaient dues me causaient un grand préjudice dont je réclamais réparation.

J'ai eu l'honneur de vous informer de nouveau le 11 avril dernier que le préjudice que j'éprouvais allait en s'augmentant chaque jour et que ma position devenait impossible.

Je vous supplie, Monsieur le Gouverneur Général, de me donner une réponse avant laquelle je requiers d'après l'article 59 du devis général de mon entreprise déférer le litige par la voie contentieuse au Conseil de Préfecture.

Il est impossible qu'on continue plus longtemps à opposer à mes si justes demandes un mutisme qui me ruine. Je fais pour le faire cesser un pressant appel à votre haute justice.

J'ai l'honneur d'être, etc...

Signé : J. Gérard. J.

Mossaganem, le 3 Mai 1875.

À Monsieur le Gouverneur Général de l'Algérie,

Monsieur le Gouverneur Général,

Je vous ai vainement exposé par lettres des 23 février, 11 Avril et 1er Mai 1875, que l'Administration violait les conditions de mon marché du 24 mars 1873 et ne me payait pas ce qu'elle me doit.

Je vous ai prié faire cesser d'aussi déplorables abus avant qu'ils aient causé ma ruine et m'aient mis hors d'état de continuer mon entreprise.

Je suis donc dans la nécessité de vous demander la résiliation immédiate de mon marché précité avec reprise du matériel et allocation de dommages-intérêts capables de réparer l'énorme préjudice qui m'est causé et que vous ferez fixer soit à l'amiable, soit par le conseil de Préfecture.

J'ai l'honneur d'être, etc...

Signé : J. Gérard. J.

Oran, le 5 Mai 1875.

À Monsieur Robin, Ingénieur en chef des Ponts et chaussées du département d'Oran.

Monsieur l'Ingénieur en chef,

J'ai l'honneur de vous informer que par lettre de ce jour, je viens de demander à M. le Gouverneur Général la résiliation, avec reprise de matériel et allocation de dommages-intérêts, de mon marché du 24 Mars 1873.

Il m'est en effet impossible de continuer l'exécution d'un marché dans lequel le service que vous dirigez saute à pieds joints sur toutes les obligations.

Vous ne m'avez pas, à l'heure qu'il est, fait payer ni même mesurer les deux tiers du travail que j'ai exécuté.

Vous m'avez éconduit d'une manière inconvenante quand je me suis présenté dans votre bureau pour vous prier de faire activer les inscriptions et loin de faire droit à ma juste demande vous envoyez votre unique conducteur tracer un nouveau village à Nebrmaria quand il vous faudrait, au contraire, tripler votre personnel pour qu'il soit à même de vous fournir tous les moyens que vous demandez et éviter que mes situations fassent autant de promenades que vous leur en faites subir.

Recevez, etc ...

Signé: J. Gérard.

Oran, le 6 Mai 1875.

À Monsieur Bervel, directeur des fortifications à Oran,

Colonel,

J'ai l'honneur de vous informer que je viens de demander par lettre de ce jour à Mr le Gouverneur Général la résiliation avec reprise de matériel et allocation de dommages-intérêts de mon marché du 24 Mars 1873.

Je ne motive ma demande par aucun fait imputable à votre service, je la fais uniquement reposer sur l'impossibilité de continuer les travaux dans laquelle me met le service des Ponts et chaussées en ne me payant pas une somme très-considérable qui m'est due pour l'exécution des travaux que vous lui avez cédés en 1874.

Je me tiens à votre disposition pour le cas où vous voudriez me demander d'autres renseignements et vous prie d'agréer mes sincères remerciements pour la bienveillance que j'ai toujours rencontrée auprès de vous.

J'ai l'honneur, etc ...

Signé: J. Gérard.

Dépêche télégraphique   (Oran, le 8 Mai 1875.)

Monsieur Mille, Ingénieur, Mostaganem.

Ai fait plus de 120 millimètres de terrassements route Stemaria, quand serai-je réglé, mes ouvriers ont complètement déserté chantiers faute paiement, quand arriveront Situations chez Ingénieur chef ? J'attends à Oran. Réponse payée.

Signé : J. Gérard. J.

Dépêche télégraphique.
Hôtel de la paix Oran   Oran, 8 mai 1875.

Monsieur Gouverneur Général, Alger.

Par faute Sous-chantier 400 ouvriers Sans travail, plusieurs pères famille privés de toute ressource. Je vous supplie ordonner enquête immédiate.

Signé : J. Gérard. J.

Dépêche télégraphique du 11 Mai 1875.

Monsieur Gouverneur Général, Alger.

Sans réponse à dépêche 8 Mai, lettres 23 février, onze avril premier et cinq mai.

Signé : J. Gérard. J.

Oran, le 12 Mai 1875.

A Monsieur le Gouverneur Général de l'Algérie.

Monsieur le Gouverneur Général,

Je vous prie de m'excuser si je viens de nouveau vous importuner pour une affaire au sujet de laquelle j'ai déjà eu l'honneur de vous adresser quatre lettres et deux dépêches sans obtenir de réponse.

Quatre cents ouvriers sans travail attendent votre décision, dont dépend la fortune de plusieurs individus. Je dois donc lutter de toutes mes forces pour que votre loyauté de Soldat soit par le jour de paperasserie mensongère.

Il n'y a dans l'affaire qui vous est soumise qu'une question de haine de Mr Robin contre moi qui ai été son subordonné et qui connaissant ses turpitudes le méprise souverainement.

Je vous ai demandé une enquête, je vous supplie de l'ordonner.

J'ai l'honneur d'être, etc...

Signé : J. Girard. /.

(2e Bureau, N° 1943)   Alger, le 11e Mai 1875.

Monsieur,

En réponse à votre lettre du 5 mai courant, ainsi qu'au télégramme dont vous l'avez fait suivre, je vous informe, sur les rapports des services des Ponts et Chaussées et d'Algérie, et conformément aux propositions de Mr le Général Commandant la Division d'Oran, j'ai prononcé le 13 de ce mois la résiliation du marché du 24 Mai 1873 en vertu duquel vous étiez adjudicataire des travaux à exécuter dans la chefferie de Mostaganem.

Comme vous le remarquerez, je n'ai pas compris dans cette mesure le marché de gré à gré du 5e Octobre 1874 pour la construction de maisons à Renault, qui continuera jusqu'à nouvel ordre à recevoir son effet.

Recevez, etc...

Le Gouverneur Général,

Par autorisation :

Le directeur général des affaires civiles et financières,

Signé : de Coustain /.

Oran, le 2/ Mai 1875.

Monsieur le Général Osmont, Commandant la Division d'Oran.

Mon Général,

Mr l'Ingénieur en chef des Ponts et Chaussées du département d'Oran vient de me prévenir qu'il allait, sur votre demande, ordonnancer directement l'atelier de travaux publics N° 5 le montant des sommes dont je lui suis redevable.

J'ai l'honneur de vous informer que l'atelier sera payé dès que je serai moi-même soldé des sommes importantes qui me sont dues depuis si longtemps par l'administration qui en retarde scandaleusement le paiement au mépris de tout droit.

Je vous ferai toutefois remarquer que je ne veux pas que les ouvriers militaires soient soldés avant que mes pauvres ouvriers civils qui attendent depuis si longtemps leur salaire l'aient reçu.

Je n'ai que cette manière d'obliger et peut l'administration à hâter le règlement que je sollicite vainement depuis le 23 février dernier, je ne veux pas m'en le laisser ravir.

J'ai donc l'honneur de vous prévenir que je m'oppose de toutes mes forces à l'ordonnancement direct à l'Atelier N° 5 des sommes que je lui dois et que je poursuivrai la réparation du préjudice que me causerait une pareille violation de tout droit et équité.

Je vous prie d'agréer, etc...

Signé J. Gérard.

Oran, le 8 Juin 1875.

Monsieur Legros, Inspecteur Général des Ponts et Chaussées
Alger.

Monsieur l'Inspecteur Général,

Le Conseil de Préfecture d'Oran vient de rendre un arrêté qui m'était pas douteux au sujet du barrage de la Djidionia. Il reconnaît qu'on m'en a indûment retiré l'entreprise et que je dois être indemnisé à dire d'experts du préjudice qui m'a été causé.

Mr. Robin en ne me payant pas le montant des travaux que j'exécutais au Darah m'a causé un autre préjudice encore plus considérable que celui sur lequel a statué le Conseil de Préfecture. Vous n'ignorez pas probablement qu'après avoir vainement par cinq lettres successives adressées à

Mr. le Gouverneur Général depuis le 23 février dernier, essayé de faire mettre un terme à un pareil abus, j'ai dû cesser les travaux et demander la résiliation avec allocation de dommages-intérêts.

Quoique les chantiers soient arrêtés depuis le 5 du mois de Mai et la résiliation à partir du 13, Mr. Robin, au lieu de me faire mesurer et payer les travaux faits, occupe Mr. le Conducteur Bonnel à promener de Sidi-ali à Nehmaria les entrepreneurs de son goût avec lesquels probablement il essayera de passer de ces marchés de gré à gré qu'il affectionne.

J'ai écrit cinq fois à Mr. le Gouverneur Général et ma lettre de ce jour est la seconde que j'ai eu l'honneur de vous adresser à l'un et à l'autre; j'ai dit crûment la vérité sans pouvoir obtenir une enquête sans laquelle un scandale fâcheux rejaillira sur l'administration.

Ce malheureux Ouvrier que je ne puis pas payer faute de l'être moi-même de fâcheux, les assignations et les saisies m'arrivent de tous côtés, l'administration réparera le préjudice, je l'admets, mais que dira le public quand les débats judiciaires dévoileront la cause de tout ce gaspillage des fonds de l'État?

Quoiqu'il arrive, j'aurai la satisfaction d'avoir fait mon devoir, j'ai même poussé la condescendance pour l'administration à l'extrême en laissant secret un mémoire que j'avais adressé au conseil de préfecture pour être communiqué à Mr. Robin, mais dont j'ai autorisé qu'il ne fut pas donné lecture à l'audience publique.

Agréez, etc...

Signé: J. Girard.

Mostaganem, le 2 Juin 1875.

À Monsieur le Gouverneur Général de l'Algérie.

Monsieur le Gouverneur Général,

Ma lettre de ce jour est la sixième que j'ai l'honneur de vous adresser depuis le 23 février dernier, pour vous informer que Mr. l'Ingénieur en chef des Ponts et chaussées Robin retardait d'une manière abusive les paiements des travaux que j'ai exécutés pour l'État sous la direction de son service.

Je comprends que vous n'accueilliez qu'avec la plus extrême réserve les accusations portées contre un fonctionnaire de l'importance de Mr Robin, mais vous ne voudriez pas qu'elle dégénérât en déni de justice.

Je viens, il est vrai, de faire condamner au conseil de Préfecture les agissements de Mr Robin, mais cela ne donne pas de pain aux malheureux ouvriers qui, exaspérés de ne pas toucher leurs soldes, me font des scènes scandaleuses dans la rue et jusque dans mon domicile. Une pareille situation ne peut se prolonger.

Je ne puis croire que mes lettres et dépêches aient passé sous vos yeux, mes plaintes réitérées vous auraient mis en garde contre des renseignements frelatés. J'emploie donc pour la dernière fois les moyens ordinaires de correspondance et si je n'obtiens pas l'enquête que je réclame, je donnerai à mes lettres une publicité suffisante pour être certain qu'elles soient portées à votre connaissance.

J'ai l'honneur d'être, etc...

Signé: J. Girard.

Alger, le 16 Juin 1875.

A Monsieur le Gouverneur Général de l'Algérie,

Monsieur le Gouverneur Général,

J'ai l'honneur de vous informer que ne pouvant plus rester en butte aux mauvais procédés des malheureux ouvriers qui me rendent responsable du retard inqualifiable que l'administration apporte à me régler les travaux que j'ai exécutés pour elle sous la direction du service des Ponts et Chaussées, je me suis rendu à Alger, où j'ai vu Mr l'Inspecteur Général des travaux civils à qui j'ai déjà eu l'honneur d'adresser deux lettres restées sans réponse.

Mr Legros m'a déclaré qu'il ne pouvait rien faire pour hâter le paiement de ce qui m'est dû, mais il m'a appris qu'une enquête allait avoir lieu au sujet des plaintes que j'ai portées contre Mr Robin. Je ne m'abuse pas sur les intentions de l'administration, elle agit dans la conviction de me trouver en faute et non son ingénieur en chef, peu m'importe, j'ai trop de[l]

confiance dans les sentiments d'équité de Mr. l'Inspecteur Général des Ponts et
chaussées pour ne pas être certain de faire tomber les préventions qu'il m'a montrées.

Je vous prie seulement, Monsieur le Gouverneur Général d'adjoindre à
Mr. l'Inspecteur Général un membre du tribunal de commerce et un conseiller de
Préfecture. L'Enquête à laquelle ils se livreront aura plus de poids et les questions
délicates n'y seront pas tranchées sans laisser des traces qui vous permettront d'inter-
-venir au besoin pour ne pas laisser l'administration se fourvoyer comme elle le fait
déjà, ainsi que le prouve le récent arrêté du récent arrêté du Conseil de Préfecture
d'Oran.

        J'ai l'honneur d'être, etc...
                    Signé : J. Gérard.-

               Alger le 18 Juin 1875.

Monsieur Legros, Inspecteur Général des Ponts et chaussées,
                     à Alger.

        Monsieur l'Inspecteur général,

        Je n'ai pas à redouter, ainsi que j'ai eu l'honneur de vous le dire,
la plainte en diffamation dont vous m'avez menacé hier à propos de mes démar-
-ches pour obtenir justice des agissements de Mr Robin.

        J'ai accusé Mr l'Ingénieur en chef des Ponts et chaussées de la
province d'Oran d'avoir deux poids et deux mesures, suivant que l'Entrepreneur
lui est ou non agréable et de pousser cette partialité jusqu'au scandale.

        Je prouverai facilement mon dire et de façon à vous convaincre que
j'ai été très-modéré en ne libellant pas plus sévèrement mon accusation vis-à-vis
d'un homme qui n'avait pas employé les mêmes convenances à mon égard,
mais il ne faudrait pas attendre pour les vérifier que les preuves aient disparu.

        Je vous prie donc de faire procéder, avant qu'ils ne soient jetés à la
mer, au mesurage des blocs artificiels construits pendant la durée du marché de
gré à gré passé l'an dernier, qui ont été payés à l'entrepreneur pour un cube
de quinze mètres.

        Agréez, etc...

Signé : J. Gérard.

Mostaganem, le 20 Juin 1875.

À Monsieur le Gouverneur Général de l'Algérie.

Monsieur le Gouverneur Général,

Jusqu'à quand le service des Ponts et Chaussées s'abritera-t-il derrière impuissant petit conducteur pour prolonger un retard inqualifiable apporté au règlement des travaux que j'ai exécutés pour l'État sous sa direction ?

Il y a aujourd'hui un mois et demi que mes chantiers sont arrêtés. Il y a plus d'un mois que vous avez prononcé la résiliation de mon marché du 24 Mars 1873. Ces travaux devaient, aux termes des pièces de mon contrat, être mesurés au moins à la fin de chaque quinzaine et les comptes arrêtés à la fin de chaque exercice.

Je vous affirme et vous pouvez vérifier le fait que non-seulement il n'y a pas de mépris achevés, au moment où je vous écris; mais que les travaux de l'exercice 1874 ne sont pas encore réglés, car on ne m'a pas encore fait payer ma retenue de garantie s'élevant à une douzaine de mille francs.

Serait-ce être trop indiscret que de vous prier de me faire fixer par le service des Ponts et Chaussées la date à laquelle il me réglera, je ne dis pas ce qu'il me doit mais au moins ce qu'il voudra bien admettre me devoir ?

Les malheureux ouvriers et fournisseurs me criblent de papier timbré et je ne puis même pas leur indiquer l'époque à laquelle je les paierai, ne le sachant pas moi-même.

J'ai l'honneur d'être, etc...

Signé : J. Gérard.

(2e Bureau. N° 2609)   Alger, le 23 juin 1875

Monsieur Gérard, entrepreneur de travaux publics à Mostaganem, est informé que sa demande en règlement de compte avec l'administration vient d'être transmise à Mr le Préfet du département d'Oran, auquel il appartient d'y donner la suite qu'elle comporte.

Mostaganem, le 23 Juin 1875.

À Monsieur le Gouverneur Général de l'Algérie,

      Monsieur le Gouverneur Général,

J'ai été exaspéré de voir M. l'Ingénieur en chef des Ponts et chaussées du département d'Oran, me priver du bénéfice que j'étais en droit d'attendre de mon marché du 24 Mars 1873 : au moment où après une année de travail acharné j'avais surmonté les difficultés inhérentes à un commencement d'entreprise en pays désert. Je n'ai malgré ma juste indignation rien fait pour chercher le scandale.

Je le fuis au contraire, et vous pouvez en trouver la preuve dans le soin que je prends de vous exposer directement tous les faits de nature à éclairer votre religion, de manière à ce que vous fassiez cesser des abus sans qu'il soit besoin de les signaler à la presse.

Je vous ai demandé avec persistance une enquête, parce que je suis persuadé que dans certains cas les moyens ordinaires d'instruction des affaires sont viciés par l'esprit de camaraderie qui unit messieurs les fonctionnaires d'un ordre élevé. Je vous prie d'ordonner que cette enquête se fasse au plus vite dans des conditions qui me garantissent une suffisante impartialité.

M. l'Inspecteur Général des Ponts et Chaussées m'a dit à mon dernier voyage à Alger :

« Si le retard qu'on met à vous payer vous cause un préjudice, vous en demanderez réparation à la juridiction contentieuse. »

C'est me croire bien aisément disposé à faire une deuxième édition de l'entrepreneur Sanselière, mort dans une si profonde misère qu'on n'a pas trouvé une chemise pour ensevelir son cadavre, peu de jours avant que le Conseil d'État l'eût déclaré créancier de l'État d'une somme de soixante mille francs qu'il réclamait vainement depuis plusieurs années. Je n'ai pas la vérification que me conseille M. Legros. Si on m'écorche je crois que je recourrai à la juridiction administrative contentieuse, dont les excellentes décisions sont malheureusement trop dures pour les justiciables Algériens, qu'après avoir assez élevé la voix pour m'être fait entendre de ceux qui ont mission d'empêcher la poursuite par l'État d'actions mal fondées.

M. le Chef des travaux civils de l'Algérie est allé jusqu'à me menacer de déposer contre moi une plainte au parquet. De deux choses l'une, ou M. Legros me méconnait en passant m'intimider, ou il s'abuse étrangement sur les conséquences qu'aurait l'examen par un jury, sur faits et gestes de Mrs. Robin.

Chacun sait, en Algérie, que le service des Ponts et Chaussées s'y est rendu insupportable par le caractère autoritaire de ses chefs sans qu'il soit nécessaire de faire voir jusqu'à quel point, Mr. l'Ingénieur en chef de la province d'Oran a substitué sa volonté aux lois, règlements et contrats.

Je crois qu'il est préférable sous tous les rapports de faire examiner par une commission et non par la Cour d'assises les griefs que j'ai à formuler.

J'ai déjà eu l'honneur de vous dire par ma lettre du 20 courant, qu'un mois et demi après que mes chantiers sont arrêtés, un pauvre commis passage dans un métier ridicule alors quel articles du devis général dit:

Carnets. Tous les éléments de dépenses, tels que journées, mensonge, pièces avec les numéros des Bordereaux qui lui correspondent, et avec ceux des articles et des sections que les ouvrages concernent sont, ainsi que les dépenses acquittées sur des feuilles de paiements, portés par ordre de date et sans lacunes, sur des carnets cotés et paraphés par le chef du génie ou par le directeur, et tenus par les officiers chargés des ateliers; Ces carnets sont arrêtés aux époques fixées par les instructions et signés par l'Entrepreneur après chaque arrêt. Les instructions posent que ces arrêtés se font par quinzaine, ce qui permet à l'entrepreneur de faire des vérifications en temps utile, tandis que les transports de terre qu'on ne mesure près d'une année après leur exécution donneront des résultats boursouflés qu'il sera difficile de contrôler.

Je veux admettre pour un moment que Mrs. Robin n'ai pas été animé dans sa conduite par un funeste sentiment d'animosité contre son ancien subordonné. Il a eu le grave tort, comme chef de service, de ne pas faire exécuter loyalement le marché passé au nom de l'État, seul maître de l'ouvrage, par le Génie militaire.

Je suis, Monsieur le Gouverneur Général, un très-vieil Algérien, j'ai vu les faits aux résultats qu'à en pour l'Algérie l'antagonisme entre les autorités civiles et les autorités militaires. J'ai applaudi de toutes mes forces à l'heureuse solution qui a donné pour gouverneur civil à l'Algérie un Général aussi distingué que le commandeur de la 19e armée de la Loire.

J'ai l'honneur d'être, etc...

Signé: J. Gérard J.

Mostaganem, le 24 Juin 1875.

Monsieur le Général Osmont, commandant la Division d'Oran.

Général,

J'ai été forcément témoin de l'intérêt que vous portez à l'extension de la colonisation française dans la province soumise à votre commandement. J'ai même été l'un des principaux outils dont vous vous êtes servi, ayant eu pour ma part de vous fabriquer non-seulement quatre églises, autant d'écoles et autant de presbytères, mais encore soixante-trois maisons de colons, des gendarmeries, des routes, des ponts, des citernes, des puits, des fontaines, des lavoirs, des abreuvoirs, etc. etc..

Permettez-moi donc, Général, de venir, à titre de vieil algérien, profondément pénétré de votre sollicitude pour tout ce qui touche à la colonisation, appeler votre attention sur des faits dont le renouvellement arrêterait singulièrement la création de nouveaux villages.

J'ai eu l'honneur de vous le dire en commençant, je construisais depuis 1873 routes et villages, en m'accommodant parfaitement de la rapidité et de la rondeur avec laquelle les services militaires sous la dépendance desquels je me trouvais, tranchaient les questions.

Vous pourrez vous assurer que, malgré les difficultés inhérentes à un commencement d'entreprise en pays désert comme l'était le Dahra il y a deux ans, je n'ai eu aucune contestation avec le personnel de l'État chargé de diriger les travaux faisant l'objet de mon marché du 24 mars 1873, tant que le service des ponts et chaussées n'est pas venu mettre le désordre dans ses chantiers.

Le premier chef d'œuvre de Mr. l'Ingénieur en chef des ponts et chaussées du département d'Oran a été de me faire refaire divers travaux, notamment le barrage de la Djidiouïa qu'eles habitants de St Aimé auraient aujourd'hui si la direction en fût restée au génie.

J'ai vainement prévenu l'administration qu'elle sortait de son droit, j'ai crié casse-cou, on m'a forcé à recourir au conseil de Préfecture dont l'arrêté ne pouvait pas faire l'ombre d'un doute.

Mr Robin ne s'est pas contenté de ce haut fait, il m'a représenté sous les couleurs les plus défavorables aux divers fonctionnaires auprès des-quels son titre lui donnait une créance que ses imputations ne méritaient pas. Ne pouvant m'abattre par des calomnies que je l'ai forcé de désavouer, il m'a tué en me prenant par la famine, ne me payant pas les travaux au fur et à mesure de leur exécution.

Il y a plus d'un an que je savais qu'il en viendrait là. J'en étais certain depuis le jour où j'ai connu le propos tenu par lui à Mr Gervel au sujet de mes ressources pécuniaires. J'avais dans cette prévision recouru à l'emprunt sur une vaste échelle, aussi les opérations qui suivent la résiliation de mon marché prouvent qu'au moment où j'ai dû arrêter mes chantiers, n'ayant plus d'argent pour nourrir mes animaux et payer mes ouvriers, il m'était dû par l'État des sommes considérables, alors qu'il affiche annon-çant l'adjudication demandait seulement à l'entrepreneur de pouvoir disposer d'une somme de quinze mille francs environ.

La désorganisation de mon entreprise est incontestablement im-putable à l'Administration qui est tenue de réparer le préjudice qu'elle me cause.

Je vous prie de faire examiner au plus vite mon droit à indem-nité car le préjudice que j'éprouve croît rapidement chaque jour et vous penserez certainement que les crédits de colonisation ont un emploi plus utile que de payer des indemnités pour des pertes qu'on aurait pu éviter ou restrein-dre.

Mes moyens ne me permettent malheureusement pas de renoncer à l'indemnité qui me sera due et dont j'aurai besoin pour solder mes créanciers, mais je renonce à la part qui m'en reviendrait on peut expliquer autrement que par la mauvaise administration de Mr Robin que le service du Génie a immédiatement trouvé preneur pour la partie de mon adjudication dont la direction lui incombait et qui était cependant la plus mauvaise, tandis que les Ponts et Chaussées ont vainement offert celle dont ils sont chargés.

Je mettrais à votre disposition pour vous fournir verbalement
toutes les renseignements que vous pourrez désirer.

Je vous prie d'agréer, etc...

Signé: Y. Gérard./

Oran, le 26 Juin 1875
(État-major - Section des affaires indigènes - N° 1392)

Monsieur,

J'ai l'honneur de vous accuser réception de votre lettre en date
du 24 juin courant.

L'affaire dont vous m'entretenez ne rentre aucunement dans mes
attributions.

C'est par décision de Mr le Gouverneur Général civil de l'Algérie
qu'à eu lieu la résiliation de l'adjudication qui vous avait été primitivement
concédée.

Il vous appartient donc de soumettre à Mr le Gouverneur
Général votre requête relative à une demande d'indemnité.

Recevez, etc...

Le Général de Division, Comt la division,

Signé: Ad. Osmond./

Oran, le 30 Juin 1875.

Monsieur Legros, Inspecteur Général des Ponts et chaussées,
à Alger

Monsieur l'Inspecteur Général,

Je ne saurais vous dépeindre avec quelle douloureuse stupéfaction
j'ai appris qu'on faisait subir à l'entrepreneur Ouzinage une diminution d'en-
-viron sept cents francs sur la somme de garantie pour un manque de 0m 18 par bloc.

Il est évident que ma lettre du 8 courant ne vous indiquait qu'un
des plus faibles arguments à l'appui de mes assertions de partialité ; mais croyez bien
que je n'ai jamais cherché la petite bête au point de relever une inexactitude aussi —

aussi faible que celle qui résulterait de la rectification dont je viens de vous indiquer le chiffre.

Je puis me tromper mais j'ai toujours cru que l'on devait mesurer les blocs au vide des caisses-moules; si c'est véritablement la base du mesurage je vous garantis que ceux qui ont trouvé un cube de 14^m 32 avaient la berlue.

Je vous en prie, ne l'oubliez pas, il me faut une enquête sérieuse à la suite de laquelle vous m'accorderez une satisfaction complète ou me traduirez en cour d'assises.

Agréez, etc...

Signé: J. Girard.

Oran, le 1er Juillet 1875.

À Monsieur le Gouverneur Général de l'Algérie,

Monsieur le Gouverneur Général,

V. Avis N° 2609, en date du 23 Juin dernier que j'ai reçu de votre 2e Bureau, m'a engagé à me rendre à Oran pour y voir M^r le Préfet du département, espérant obtenir une réponse à ma demande en règlement de compte.

M^r le Secrétaire Général faisant l'intérim de Préfet a été d'une extrême bienveillance et néanmoins le résultat de mon voyage éternel.

Il m'a été répondu que Mr Robin n'avait pas de plus grand désir que de me payer de suite, qu'il avait donné dans ce sens les instructions les plus pressantes au personnel sous ses ordres et qu'il considérait comme une monstruosité que je ne fusse pas réglé avant le 5 Juillet courant.

Je ne fais pas collection de monstruosité, une de plus ou de moins n'est pas une affaire. J'ose espérer toutefois que vous aurez la bonté d'ordonner l'enquête que j'ai eu l'honneur de solliciter à diverses reprises.

Je crois qu'il n'y a pas d'autre moyen de reconnaître l'origine de ce que M^r l'Ingénieur en chef ne craint pas d'appeler une monstruosité et de mesurer l'étendue du préjudice que le défaut de paiement m'a causé.

Cette opération préliminaire est selon moi indispensable pour ramener l'Administration dans la voie de l'équité.

J'ai l'honneur d'être, etc...

Signé: J. Girard.

Oran, le 15 Juillet 1875.

A Monsieur le Gouverneur Général de l'Algérie.

Monsieur le Gouverneur Général,

J'ai l'honneur de vous informer que je ne suis pas encore payé à la date du 5 juillet, qui, au dire de l'Administration, ne devait pas être dépassée sans mon intérêt.

Les malheureux ouvriers attendent toujours leurs salaires en m'accablant de papiers timbrés. Je n'ai jusqu'à ce jour échappé à une déclaration de faillite que par les sacrifices que je fais pour retarder les poursuites de mes créanciers.

L'Administration osera-t-elle longtemps encore me laisser dans l'affreuse position où elle m'a placé en violant d'une manière flagrante les conditions de mon contrat du 24 Mars 1873 ?

Je suis à Oran où j'étais venu dans l'espoir de toucher au moins un à-compte et je n'ose même pas retourner à Mostaganem. Je vous prie d'ordonner au plus tôt l'enquête que je sollicite depuis longtemps.

J'ai l'honneur d'être, etc...

Signé : H. Girard. J.

_____

Oran, le 15 Juillet 1875.

Monsieur Legros, Inspecteur Général des Ponts et chaussées
à Alger

Monsieur l'Inspecteur Général,

Je me souviens un peu tardivement d'une petite anecdote qui, si elle n'est pas vraie, est du moins bien trouvée. Un inspecteur Général des Ponts et chaussées ayant contre les usages reçus fait un reproche à un Ingénieur en chef, ce malencontreux reproche fut de supérieur à supérieur renvoyé au cantonnier qui, furieux de ne trouver personne à qui le repasser, envoya à sa brouette un violent coup de pied.

Je ne doute donc pas que l'exiguïté des blocs construits au port d'Oran pendant le marché de gré à gré Ouymaige ne soit imputée à rien au plus petit employé de l'Administration.

Voulant rendre à César ce qui appartient à César, je viens vous signaler un second fait dont la responsabilité ne pourra sortir du domaine des
Ingénieurs.

On vient d'adjuger au prix de 2f.76 l'extraction d'un mètre cube
de roc pour l'ouverture de la route qui doit conduire du port à la place d'armes
d'Oran; les moëllons à provenir de l'extraction resteront la propriété de l'État.

Je ne demande si je ne suis pas le seul à exposer cette question, comment
il se fait qu'on ait payé à l'entrepreneur de gré à gré le même travail auprès de
dix francs le mètre cube, en lui laissant la disposition des moëllons qu'il a employés
sur place à ses maçonneries au lieu d'en faire venir à grands frais de Kargnentah,
ainsi qu'il le devait d'après son devis. L'Administration lui a même repris à
3f.50 par mètre cube les moëllons qui lui restaient enfin d'entreprise, de telle
sorte qu'en comptant le foisonnement du roc à 0m.3 seulement, l'entrepreneur
de gré à gré toucherait 10f.55 pour un mètre cube de déblai de roc qui vient
d'être adjugé à 2f.76 rabais déduire, différence de prix qui donne sur le travail
fait par l'entrepreneur de gré à gré une différence au préjudice de l'État de plus de
trente mille francs.

Le prix consenti était même, paraît-il, de sept francs et non de six,
et la réduction de sept à six aurait été faite par Mr. l'Ingénieur en chef.

Je veux bien admettre, Monsieur l'Inspecteur Général, que MM.
les Ingénieurs ont été de bonne foi, l'un en établissant le prix de sept francs,
l'autre en le réduisant à six, mais qu'au moins ils comprennent l'inconvénient
des traités de gré à gré et permettent les entreprises au rabais d'une loyale concurrence.

Je vous l'ai dit et vous le répète, on a eu deux poids et deux mesures, et
l'on a, au préjudice de l'État, éloigné des entreprises de travaux publics, dans
la province d'Oran, les entrepreneurs non-sympathiques.

Je suis en mesure, croyez-le bien, de vous produire, si je le veux, d'autres
faits encore plus corsés que les deux premiers; mais je vous l'ai déjà dit, je ne cherche pas le scandale, qu'on me règle équitablement ce qui m'est dû et je ne

demande rien deplus.

La manière que vous m'avez faite depousser les choses à l'extrême et de me traduire en cour d'assises pour diffamation m'ont mis dans l'obligation de vous faire comprendre que je n'avais pas à redouter une condamnation en diffamation.

L'Administration, Monsieur l'Inspecteur Général, sait depuis long-temps qu'elle me doit beaucoup d'argent dont elle retarde le paiement sous de spécieux prétextes, j'en suis exaspéré; mais qui donc ne le serait à ma place.

Je vois mes ouvriers dans le besoin et je ne puis leur donner ce que je leur dois, ma réputation et mon industrie sont minées et je vois déjà aujourd'hui le mal s'aggraver.

La conduite de l'Administration sont des cadres des difficultés à trancher par la juridiction administrative contentieuse.

M. l'Ingénieur en chef, m'a-t-on dit, réclame votre intervention, vous n'avez pas oublié que dès le 19 Novembre dernier je m'étais moi-même adressé à vous.

Je suis certain, Monsieur l'Inspecteur Général, que vous éviteriez bien des complications fâcheuses pour l'Administration, si vous faisiez droit à la demande de M. Robin et à la mienne.

Agréez, etc...

Signé: A. Girard.

Oran, le 1 Juillet 1875.

A Monsieur le Gouverneur Général de l'Algérie.

Monsieur le Gouverneur Général,

J'ai l'honneur de vous informer que M. le Secrétaire Général faisant fonctions de Préfet d'Oran, vient de me donner connaissance, par votre ordre, de l'État d'avancement du règlement de mes travaux.

Vous remarquerez que M. l'Ingénieur en chef demande à M. l'Ingénieur de Mostaganem de retrancher du décompte définitif fourni par ce fonctionnaire, divers ouvrages qui me sont bien réellement dus. Il arrivera

de deux choses l'une, ou Mr. l'Ingénieur de Mostaganem ne voudra pas
modifier sans motif plausible son premier décompte, ou cédant à la pression
de son supérieur, il fera comme Pilate et retranchera les cinq mille francs de
travaux que Mr. Robin dit arbitrairement de biffer. Le moindre inconvénient
qui puisse résulter pour moi de tout cela est un retard de paiement. (*nouveau)

J'ai, dans une récente lettre adressée à Mr. l'Inspecteur Général Legros, si-
gnalé un fait qui fera certainement comprendre à l'administration supérieure que
l'enquête que j'ai eu l'honneur de vous demander est inévitable et que je resterai plus
longtemps, sous la dépendance de Mr. Robin, qui met toute son autorité au service
de sa haine, sans même tenir compte du rôle humiliant qu'il fait jouer à ses subordonnés.

J'ai l'honneur d'être, etc...
Signé: J. Girard. J.

_____

Oran, le 18 juillet 1876.
A Monsieur le Gouverneur Général de l'Algérie.
Monsieur le Gouverneur Général,
J'ai l'honneur de vous prévenir que la lettre de Mr. Robin à
Mr. Milles, dont on vous a envoyé copie a été adressée à Mostaganem pendant l'absence
de Mr. l'Ingénieur d'arrondissement, absence que Mr. l'Ingénieur en chef ne pou-
vait pas ignorer.

Mr. Milles est rentré hier à Mostaganem, mais comme son commis-
comptable est depuis ce matin en permission à Oran, il s'ensuit que le règlement
de mes travaux n'avance pas d'un iota.

J'ajouterai, pour complètement vous édifier, que les travaux que Mr.
Robin demande à son subordonné de retrancher du décompte non-seulement me
sont indiscutablement dus, mais quelquefois n'avaient été arrêté par Mr. l'Ingénieur de Mostaganem qu'après avis et consentement de Mr. Robin.

J'ose espérer que vous ne laisserez pas prolonger plus longtemps
la mystification dont je suis victime. Il y a deux mois et demi que mes chantiers sont arrêtés et la première lettre par laquelle je vous annonçais que

Mr. Robin ne voulait pas me payer remonta au 23 février.

J'ai l'honneur d'être, etc...

Signé : J. Gérard /

Oran, le 23 Juillet 1875.

À Monsieur le Préfet du département d'Oran,

Monsieur le Préfet,

Vous avez été témoin de l'accès de fureur qui m'a pris en entendant hier soir Mr. Robin, vous dire à haute et intelligible voix sur la promenade l'éloge que Mr. le Gouverneur Général aurait dû m'envoyer promener la première fois que j'ai eu l'honneur de m'adresser à lui.

Mr. l'Ingénieur en chef croit-il que ce procédé, de son école, m'aurait empêché de dévoiler ses jolis petits marchés de gré à gré.

Il est vrai que Mr. le chef des travaux de l'État dans le département d'Oran se fait facilement illusion, notamment quand il croit que le conseil municipal d'Oran vous verra une somme considérable à la construction d'un pont sur la rue Charles quand, devant son relief sans déjouer son logement à son restaurant. Il a fait au voyer de l'État plus de dépenses en frais d'étude de ce pont ridicule que n'en ont coûté aux contribuables tous ses autres projets, en y comprenant même ceux de villas à Ste Clotilde.

L'audace de Mr. Robin n'a vraiment pas plus de bornes que je n'en mettrai prochainement à la flagellation que je lui infligerai par la voie de la presse.

Agréez, etc...

Signé : J. Gérard /

Oran, le 24 Juillet 1875.

À Monsieur le Gouverneur Général de l'Algérie.

Monsieur le Gouverneur Général,

J'ai eu l'honneur de vous informer dès le 23 février dernier que Mr. Robin ne me réglait pas conformément aux conditions de mon marché du 28 Mars 1873, les travaux que j'exécutais.

J'ai eu l'honneur de vous aviser ensuite par un nombre considérable de lettres ou dépêches successives que le préjudice énorme qui m'était causé et s'aggravait chaque jour, dérivait d'une haine personnelle de Mr. Robin contre moi.

Je n'ai jamais obtenu d'autre réponse qu'un avis imprimé émanant de votre 2e Bureau portant le n° 2604 et à la date du 23 Juin dernier ainsi conçu « Votre demande en règlement de compte avec l'Administration vient d'être transmise à Mr. le Préfet du département d'Oran auquel il appartient d'y donner la suite qu'elle comporte. »

Mr. le Préfet a, j'en suis persuadé, insisté autant qu'il a pu, auprès de Mr. Robin, pour me faire régler, mais il n'a pas été heureux. On lui a opposé mensonges sur mensonges, on lui a même fait croire et il vous l'a annoncé par dépêche que j'avais touché les onze-douzièmes, ce qui est faux.

Il faut convenir aussi qu'un secrétaire Général n'est pas à même pour parler à un Ingénieur en chef sous l'Oranie. Il a dit qu'il venait de votre part. Mr. Robin lui a répondu en pleine promenade publique de façon à ce que je l'entende:

« Le Gouverneur Général n'avait qu'à l'envoyer promener la première fois qu'il s'est adressé à lui. »

Mr. le Préfet, que je viens de voir à l'instant, m'a déclaré qu'il était à tort chargé d'une affaire qui n'était pas dans ses attributions, les travaux ayant été faits en territoire militaire. Il a ajouté qu'il avait autant de facilité à remplir cette mission dont vous l'avez chargé qu'un aveugle pour proposer la réparation d'une montre. J'écris textuellement les paroles dont il s'est servi.

En résumé, que dois-je faire, Mr. le Gouverneur Général ?

Je ne puis pas obtenir d'être réglé, ni même de savoir quand je le serai.

Je ne puis pas obtenir l'enquête que j'ai réclamée en la motivant sur des faits assez graves pour mériter vérification.

Je ne puis même pas obtenir votre décision sans laquelle l'art de 59 de mon devis me défend de m'adresser au conseil de Préfecture.

J'ai l'honneur d'être, etc ...

Signé : G. Gérard. /.

(Préfecture d'Oran. Cabinet du Préfet.)

J'ai l'honneur de prier M. Gérard de vouloir bien se présenter à mon cabinet demain matin, pour une communication concernant la réclamation, qu'il a adressée à M. le Gouverneur Général.

Oran, le 26 Juillet 1875.

Le Préfet, en congé,

Le Secrétaire Général,

Signé : H. Le Guérissel. /.

Dépêche télégraphique (Mardi 27 juillet 10h matin)

Gouverneur Général, Alger.

Préfet étude, première enquête. M. Robin contrairement devis général articles 53 et suivants fait refabriquer à son caprice par conducteur Damret venu Oran toute la comptabilité.

Signé : Gérard. /.

Oran, le 5 Août 1875.

Monsieur Mille, Ingénieur ordinaire des Ponts et chaussées,

Mostaganem.

Monsieur l'Ingénieur,

Je me suis, le 3 Avril courant, rendu à Mostaganem, ayant été avisé que vous aviez des pièces comptables à me présenter.

Vous m'avez effectivement montré un décompte que M. Robin venait de vous adresser en vous prescrivant de le soumettre à mon acceptation comme venant de vous. Je vous ai fait observer que cette pièce était un remaniement de votre travail primitif fait par M. l'Ingénieur en chef dans l'unique

...ter de couvrir le mensonge qu'il avait commis en affirmant que le mandat de 17.000 francs ordonnancé depuis quelques jours parfaisait à peu près les onze douzièmes de ce qui me revenait.

Vous n'avez pas voulu vous rendre complice d'une pareille manœuvre puisque vous m'avez déclaré que le travail dont la paternité vous était imposée n'était pas votre œuvre. Vous m'avez engagé, toujours d'après les ordres de Mr. Robin, à vous adresser par écrit des réclamations contre ce règlement, m'avouant par avance que vous repousseriez évidemment par le agréer, mais que je les renouvellerais alors à Mr. Robin et ensuite à Mr. le Gouverneur Général après quoi je pourrais, le cas échéant, saisir la juridiction contentieuse administrative.

J'ai afin de donner dans ce piège, j'ai signé, sous toutes réserves, sans même lire, le simulacre de décompte présenté, car je n'ai pas voulu fournir un prétexte pour retarder encore le paiement des sommes qui me restent dues même d'après les comptes injustifiables de l'administration.

Il n'y a pas de question contentieuse à vider entre l'Administration et moi. Toutes les conditions d'un contrat passé au nom de l'État ont été cyniquement violées; il en est résulté pour moi un désastre dont je dois non-seulement être indemnisé, mais dont il faut que le coupable soit connu.

Je demande depuis longtemps avec instance une enquête qui ne peut m'être refusée. Je la ferai au besoin imposer par l'opinion publique indignée puisque Mr. le Gouverneur Général qui l'a prescrite, j'ai vu la dépêche, n'a pas encore pu obtenir qu'elle se fasse.

Agréez, etc.

Signé: J. Gérard.

Oran, le 5 Août 1875.

A Monsieur le Gouverneur Général de l'Algérie.

Monsieur le Gouverneur Général,

J'ai l'honneur de vous donner ci-joint copie de ma lettre de ce jour à Mr. l'Ingénieur ordinaire des Ponts et chaussées de Mostaganem. Vous verrez par les faits qu'elle constate que Mr. Robin continue de plus en plus audacieuteinant le cours de ses manœuvres.

Il est impossible que vous ne fassiez pas procéder à l'enquête que je réclame depuis si longtemps. Elle est inévitable pour faire retomber sur qui de droit les responsabilités encourues.

Je ne pense pas que vous permettiez que sous votre gouvernement le Budget de l'État paie non pas les erreurs mais les fautes volontaires d'un fonctionnaire qui a manqué à son devoir d'une manière évidente et qui y manque tous les jours, car en ce moment il fait des démarches honteuses auprès de certains entrepreneurs pour les décider à se rendre adjudicataire de ses travaux.

Il est bien facile de comprendre quelles seront les conséquences de ce degré d'abaissement d'un ingénieur en chef chargé de travaux aussi considérable.

J'ai l'honneur d'être, etc...

Signé : J. Gérard. J.

___

Oran, le 11 Août 1875.

À Monsieur le Gouverneur Général de l'Algérie.

Monsieur le Gouverneur Général,

J'ai l'honneur de vous informer que je ne suis toujours ni payé ni près de l'être.

La corvée continue entre Oran et Mostaganem. Nous approchons du moment où le Génie va verser à la caisse des consignations les fonds de 1874 que je n'aurai pas pu toucher à cause des oppositions entraînées par le non-paiement de ce que me doit le service des Ponts et Chaussées.

Vous ne faites pas procéder à l'enquête que je réclame, je ne continuerai pas moins à vous informer de toutes les complications qui surgiront et que l'enquête eût évitées.

Plus l'enquête est retardée plus le mal grandit et il faudra toujours arriver à le faire, car ce qui se passe sort des limites des questions de contentieux administratif.

J'ai l'honneur d'être, etc...

Signé : A. Gérard. J.

Oran, le 12 Août 1875.

A Monsieur le Gouverneur Général de l'Algérie.

Monsieur le Gouverneur Général,

J'ai eu l'honneur de vous informer, depuis six mois, que l'administration m'a causé un préjudice considérable, qui s'accroît chaque jour, en ne se conformant à aucune des conditions de mon marché du 24 Mai 1872.

Je vous ai prié, par lettre du 5 Mai dernier, de faire fixer soit de gré à gré soit par le conseil de Préfecture, le montant des pertes que me font éprouver les fautes des services chargés de la direction et du règlement de mes travaux.

Je n'ai pas reçu de réponse à mes nombreuses lettres et à l'heure qu'il est je ne connais pas le montant des sommes que l'État veut bien reconnaître me devoir.

Je persiste de plus en plus dans ma demande d'enquête, qui, je le répète, est indispensable et que vous auriez même, paraît-il, ordonnée d'après une dépêche dont Mr. le Secrétaire Général m'a donné lecture il y a quelque temps.

Le besoin urgent où je me trouve de sortir de la position insoluble qui m'est faite par le garde de mon matériel et l'entretien de mon personnel, m'oblige à vous déclarer que je suis décidé à saisir le conseil de Préfecture de la question de résiliation, au point de vue de la reprise de mon matériel et des dommages-intérêts qui me sont dus.

Je n'ai pas à attendre le résultat de l'enquête qui se fera quand vous le jugerez convenable, ni l'achèvement improbable du règlement définitif dans lequel le service des Ponts et chaussées s'attarde depuis six mois et que j'attaquerai ultérieurement.

Il est bien incontestablement prouvé par le montant des sommes qui m'ont été mandatées depuis la résiliation, soit par le Génie, soit par les Ponts et chaussées que la désorganisation de mon chantier et la ruine de mon industrie doivent être attribuées à la non exécution par les agents de l'État des clauses de mon marché précité.

Je vous prie de me dire si vous voulez faire fixer à l'amiable l'indemnité qui m'est due ou de m'autoriser à m'adresser au conseil de Préfecture, ce que je ne puis faire aux termes de l'article 59 de mon devis général, avant votre décision

J'ai l'honneur d'être, etc...

Signé : J. Girard. J.

Oran, le 17 Août 1875.

À Monsieur le Gouverneur Général de l'Algérie,

Monsieur le Gouverneur,

Mr. l'Ingénieur en chef des Ponts et chaussées du département d'Oran ne pouvant quoiqu'en bien ou ni s'oppose, réduire la somme qui me revient à un chiffre qui ne fournisse pas la preuve palpable de ses torts à mon égard, retarde indéfiniment le règlement de mes travaux dans le Darah.

Vous n'avez pas oublié qu'on vous a déclaré, il y a un mois et demi, qu'il serait monstrueux que je ne sois pas payé avant le 15 juillet. Je me suis de ce nouveau présenté ce matin 17 avec au bureau de Mr. Robin où l'on m'a assuré que les pièces n'étaient pas encore revenues de Mostaganem.

Jusqu'à quand donc se continuera la monstruosité.

Je ne puis qu'insister vivement auprès de vous, Monsieur le Gouverneur Général, pour que vous me donniez au plus vite l'autorisation que en vous demande ma lettre du 12 courant.

J'ai l'honneur d'être, etc...

Signé J. Girard. J.

Oran, le 18 Août 1875.

Monsieur le Préfet du département d'Oran,

J'ai l'honneur de vous informer qu'au mois de février dernier le service des Ponts et chaussées a présenté à mon acceptation un décompte définitif pour régler les travaux que j'avais exécuté en vertu de mon marché du 23 Août dernier sur le chemin du phare du cap Fi.

J'ai fait contre ce décompte, à la date du 23 février quatre réclamations. Mr. l'Ingénieur de Mostaganem m'ayant, par lettre du 13 mai, informé que l'on ne faisait droit qu'à une partie de mes réclamations, je me suis empressé de le prévenir, par lettre du 14 du même mois, que je les maintenais intégralement. Je n'ai par reçu d'autres réponses, mais on m'a jour à jour payé le montant de toute de mes réclamations.

Le cinq Août, on m'a présenté un nouveau décompte définitif qui ne me donnait toujours pas satisfaction sur le quatrième chef de réclamation. Ne pouvant indéfiniment figurer des décomptes et y faire des réclamations, j'ai cru pouvoir saisir le tribunal de Première d'Oran de l'affaire, et le six Août j'ai déposé à son greffe un mémoire introductif d'instance.

J'ai de fortes raisons de croire que Monsieur l'Ingénieur en chef des Ponts et chaussées veut se prévaloir de l'article des clauses et conditions générales qui impose à l'entrepreneur l'obligation de saisir l'administration de ses différents avec M. M. les Ingénieurs avant de déférer le litige au Conseil de Préfecture.

Je croyais l'Administration suffisamment prévenue par l'intermédiaire du service des Ponts et chaussées, mais pour me conformer à la lettre des règlements, j'ai l'honneur de vous informer que je m'adresserai à l'juridiction Contentieuse administrative si je ne suis pas soldé d'une somme de Mille huit cent soixante-quinze francs qui m'est due pour Quinze cents mètres de terrassements que j'ai exécutés aux abords du phare de la Jvi et dont le prix porté à mon bordereau est de un franc vingt cinq centimes le mètre.

J'en ai fait plus de Deux mille mètres et on ne m'en compte que cinq cents mètres.

J'ai l'honneur d'être, etc ...

Signé : H. Gérard./

Oran, le 14 Septembre 1875.

A Monsieur le Gouverneur Général de l'Algérie.

Monsieur le Gouverneur,

J'ai eu l'honneur de vous faire avenir des agissements dont j'étais victime de la part de Mr. l'Ingénieur en chef Robin, dès les premiers jours où j'en ai ressenti les effets.

Je vous ai depuis lors adressé un grand nombre de lettres et de dépêches. Je n'ai obtenu pour toute réponse qu'une lettre N°. 1943, 2m

Bureau, en date du 14 Mai 1875, m'avisant de la résiliation de mon marché et une note de votre ancien 3e Bureau N° 2604 en date du 23 Juin dernier, m'informant que ma demande en règlement de compte avec l'Administration vient d'être transmise à M. le Préfet du département d'Oran.

Je reçois aujourd'hui du service des ponts et chaussées divers mandats qui paraîtraient former le solde de ce que l'Administration prétend me régler; mais ces mandats établis arbitrairement sans quel l'Administration ait en aucune façon tenu compte des conditions de mon marché, ne peuvent en aucune façon me satisfaire. J'adresse à M. le Préfet la lettre dont je vous donne copie ci-dessous.

Je fais, vous le voyez, tous mes efforts pour me sortir du labyrinthe administratif dans lequel on m'a fourré et où l'on cherche vainement à me faire perdre le fil des monstruosités commises à mon égard par le service que dirige Mr. Robin.

Je ne suis pas comme Boutbelou qui s'est bêtement brûlé la cervelle, je surmonterai tôt ou tard les obstacles qu'on m'oppose, et il vaudrait mieux pour l'Administration aborder de suite les difficultés que de les augmenter en m'opposant un silence inexplicable.

Si vous croyez, Monsieur le Gouverneur Général que c'est à tort que je m'adresse à vous, je vous prie de me le dire clairement ou si, au contraire, vous seul, ainsi que j'en ai la conviction, avez qualité pour régler les difficultés qui m'ont été suscitées, veuillez je vous prie me faire connaître vos décisions au sujet des diverses demandes que je vous ai adressées.

J'ai l'honneur d'être, etc.

Signé : J. Gérard.

Oran, le 14 Septembre 1875.

À Monsieur le Préfet du département d'Oran.

Monsieur le Préfet,

J'ai l'honneur de vous informer que le service des Ponts et chaussées vient de me remettre dix mandats s'élevant ensemble à 16.329 f. 04 qui paraît être le solde de ce que ce service fixe enfin arbitrairement me devoir.

Les trois questions suivantes restent à résoudre par l'Administration, je vous prie de m'en faire connaître au plus tôt les solutions.

Premièrement - Les divers mandats que j'ai reçus jusqu'à ce jour forment-ils réellement le solde de ce que l'Administration reconnaît me devoir, et en cas de réponse négative que resterai-je lui devoir et de combien sera-t-il ?

Secondement - L'Administration est-elle oui ou non décidée à me permettre de prendre copie du registre qui doit être établi conformément aux prescriptions de l'article 511 du devis général ? Cette copie m'étant nécessaire pour me rendre compte du règlement indiqué en vertu duquel on ne me devrait plus à ce jour que 16.824f 04 ; le délai de dix mois pour la prescription de mes réclamations, prévue par l'art. 59 du même devis général ne peut courir qu'à partir du jour où il m'aura été donné communication dudit registre.

Troisièmement - Il est manifeste que le non-paiement en temps utiles des sommes considérables qui m'ont été réglées depuis la fin du mois d'Avril dernier jusqu'à ce jour m'a causé un préjudice considérable. L'Administration est-elle oui ou non décidée à réparer ce préjudice que j'évalue à Cent cinquante-mille francs avec intérêts à partir de ce jour, si elle n'aime mieux le faire fixer par experts ce que je lui concède.

J'adresse copie de ma lettre à Mr. le Gouverneur Général, et je saisirai le conseil de Préfecture par voie contentieuse si dans un délai moral il ne m'est pas donné satisfaction.

J'ai l'honneur d'être, etc ...
Signé : J. Gérard. J.

_____

Gouvernement Général de l'Algérie.
Direction générale des affaires civiles et financières - 2e Bureau.
Alger le   187 .

Monsieur Gérard, entrepreneur de travaux publics, ne demeurant à Oran est informé que sa demande en dommages-intérêts vient d'être transmise à Mr. le Préfet d'Oran auquel il appartient d'y donner la suite qu'elle comporte.

Oran, le 27 Septembre 1875.

À Monsieur le Gouverneur Général de l'Algérie.

Monsieur le Gouverneur,

J'ai l'honneur de vous accuser réception d'un avis de votre 2e Bureau m'informant que vous l'avez transmis à Mr. le Préfet du département d'Oran ma demande en dommages-intérêts..

Je me suis empressé d'aller voir ce haut fonctionnaire qui m'a reçu avec la plus extrême bienveillance mais m'a assuré que cette affaire n'entre pas dans ses attributions. Il est vraiment fâcheux que l'Administration n'ait pas même encore résolu d'une manière définitive la question de compétence au sujet d'une affaire sur laquelle j'appelle depuis si longtemps son attention.

Je me suis donc adressé à Mr. le Préfet civil, à Mr. le Général Préfet militaire et à vous-même, Monsieur le Gouverneur Général.

Il faudra bien que malgré la répugnance que chacun met à s'occuper d'une aussi scandaleuse affaire que celle qui est née de la malveillance de Mr. Robin à mon égard, l'administration me donne une solution.

J'avais demandé une enquête, c'était un moyen rapide et exact; je n'ai pas pu obtenir qu'il fût pratiqué, de grâce qu'on en emploie un quelconque.

J'ai l'honneur d'être, etc...

Signé: J. Gérard.

_____

Oran, le 18 Octobre 1875.

À Monsieur le Gouverneur Général de l'Algérie.

Monsieur le Gouverneur Général,

Ne recevant pas de réponse à la lettre que j'ai eu l'honneur de vous adresser le 27 du mois dernier, vous informant que malgré l'avis que vous m'aviez fait parvenir par l'entremise même de Mr. le Préfet, ce fonctionnaire ne voulait pas s'occuper de ma demande en dommages-intérêts qu'il ne considère pas comme entrant dans ses attributions, je me suis rendu de nouveau ce matin dans le cabinet de Mr. le Préfet du département d'Oran.

M. Nouvion m'a de nouveau répété que cette affaire ne le regardait pas et qu'il serait d'autant moins à s'en occuper qu'elle était désagréable. Je cite textuellement et avec son autorisation les propres expressions dont il s'est servi.

Vous comprenez, Monsieur le Gouverneur Général, que je ne puis rester plus longtemps dans une pareille position. Il faut que justice soit faite des abus dont je suis victime, et cela est d'autant plus nécessaire qu'en ce moment même il se passe des faits inouïs. Le service des Ponts et chaussées fait par des marchés clandestins (déguisés par des paiements de moins de Mille francs) exécuter des travaux d'empierrements et ouvrier se servent du matériel que j'ai été obligé d'abandonner quand j'ai quitté Dahra faute de paiement.

J'ai l'honneur d'être, etc...

Signé : J. Gérard.

Oran, le 19 Octobre 1875.

À Monsieur le Préfet du département d'Oran.

Monsieur le Préfet,

J'ai, au sortir de l'entretien que j'ai eu l'honneur d'avoir avec vous, rendu compte à M. le Gouverneur Général de l'Algérie de ce que vous m'aviez dit et de l'obligation dans laquelle vous croyez être de ne pas vous occuper d'une affaire désagréable qui n'entrait pas dans vos attributions.

J'espère que M. le Gouverneur Général, de la part duquel vous avez, dîtes-vous, provoqué des instructions et à qui de mon côté je signale pour la troisième fois le fin de non-recevoir qui m'est opposé par la Préfecture prendra une détermination qui fera cesser le déni de justice dont je suis victime depuis plus de Neuf mois pendant lesquels M. le Général me renvoie à M. le Gouverneur Général, lequel m'adresse au Préfet qui me renvoie au Général.

Je ne viens, par ma lettre de ce jour, que relever par écrit, comme j'ai faire hier de vive voix, la déclaration que vous m'avez faite entre une parlementaire que vous écoutez, mais ne pouviez pas croire ce que je vous disais.

Je le répète, vous vous êtes servi de termes polis, mais ne rendant subsistance que la déclaration que je viens de consigner, je vous ai répondu que je fais de mon bon droit, je n'avançais que des faits vrais et que mes paroles n'étaient jamais que la narration exacte de faits que je ne craignais pas de consigner par écrit. Vous m'avez assuré, et je vous crois, Monsieur le Préfet, que si vous étiez régulièrement saisi de l'instruction de mon affaire avec le service des Ponts et chaussées, vous la tireriez au clair.

Je n'ai pas de plus vif désir que de voir bijour se faire sur cette sale affaire qu'il est honteux pour l'Administration d'avoir si obstinément tenue sous le boisseau malgré mes efforts.

Je n'ai pas voulu, pendant l'absence de Mr. le Gouverneur Général et de Mr. l'Inspecteur Général des travaux civils publier dans mon journal ma correspondance avec l'Administration. J'ai attendu leur retour, mais je commencerai cette publication aus. Sitôt que je serai assuré que l'Administration est décidée à continuer les procédés inqualifiables dont je suis victime.

J'ai l'honneur de vous donner ci-dessous copie d'une de mes nombreuses lettres à Mr. l'Inspecteur Général des Ponts et chaussées, vous verrez que ce n'est pas moi qui recule devant la recherche de la Vérité.

J'ai l'honneur d'être, etc...

Signé : S. Gérard .J.

(Copie de ma lettre du 5 Juillet 1875)

Mostaganem, le 19 Octobre 1875.

L'Ingénieur ordinaire des Ponts et chaussées, à Mr. Gérard, entrepreneur de travaux publics à Oran.

Monsieur,

Je reçois de Mr. le Capitaine Chef de l'annexe de Mostaganem, l'avis que la porte d'un gourbis du camp de Bargiès, renfermant des outils à vous appartenant, avait été forcée et qu'une garde y avait été placée par le Caïd de la tribu.

Le relevé des outils qui s'y trouvaient a donné le résultat suivant :

99 pioches - 136 pelles - 20 autres outils dont le caïd ignore le nom (des brouettes probablement) une civière brisée.

Mr. le Capitaine Bouisson m'informant en même temps qu'il ne pourrais continuer à faire exercer de surveillance sur ces outils, j'ai l'honneur de vous

vous aviser du fait, afin que vous preniez telles dispositions qui vous paraîtront convenables au sujet de leur garde ou de leur reprise.

J'ai déjà eu l'honneur de vous déclarer que l'Administration déclinait toute responsabilité à l'égard de la conservation de ces outils.

Recevez, etc...

Signé : R. Mille.

Oran, le 21 Octobre 1875.

A Monsieur Mille, Ingénieur Ordinaire ordinaire des Ponts et Chaussées de Mostaganem.

Monsieur l'Ingénieur,

J'ai l'honneur de vous accuser réception de votre honorée du 19 courant par laquelle vous m'informez qu'une porte du magasin de Casgada a été forcée. Je n'en suis nullement surpris, j'ai constaté que mon ancien matériel est au pillage et que les ouvriers de vos chantiers par marché de gré à gré eux-mêmes se servent par d'autres outils que de ceux pris dans mes magasins.

Je n'ai pour toute réponse que d'à vous déclarer de nouveau que les abus inqualifiables dont j'ai été victime de la part du service des Ponts et Chaussées m'ont obligé à abandonner mon chantier du Dahra sur lequel j'ai laissé un matériel considérable inventorié régulièrement.

Il vous plaira de dire que l'État en décline la responsabilité, ce qui ni le bon sens ni moi n'admettrons et quelque puisse être l'avis de Mr Robin sur ce point il ne fera pas jurisprudence contraire à celle du Conseil d'État.

J'ai fait ce que j'ai pu pour assurer la conservation du matériel qui serait aujourd'hui repris par mon successeur si le service des Ponts et Chaussées eût été capable d'en trouver un.

J'ai payé des gardiens à des prix excessifs, mais il s'en est peu que je n'en puisse plus trouver qui veuillent rester isolés au pays arabe. Vous disposez de ressources que je n'ai pas, je ne puis que vous engager à me suppléer dans la garde d'un matériel de la disparition duquel l'État aura toujours à tenir compte.

Vous savez trop bien, Monsieur l'Ingénieur, quel'unique cause du désastre dudit Dahra est l'inexécution par l'État des clauses de mon contrat avec lui pour ne pas comprendre jusqu'où s'étend sa responsabilité et ne pas connaître parfaitement les devoirs de son employé,

Agréez, etc...

Signé : J. Gérard.

Oran, le 21 Octobre 1875.

À Monsieur le Préfet du département d'Oran,

Monsieur le Préfet,

M. le Gouverneur Général m'ayant écrit que c'est vous qui êtes chargé de régler mon affaire en demande d'indemnité au sujet du préjudice que m'a causé l'État à propos de mon marché du 24 Mars 1873, je crois devoir vous tenir au courant des incidents de cette fâcheuse affaire.

J'ai l'honneur de vous adresser ci-joint copie d'une lettre que je viens de recevoir de M. l'Ingénieur des Ponts et chaussées de Mostaganem et de la réponse que j'ai faite à ce fonctionnaire.

Agréez, etc...

Signé : J. Gérard.

(Voir les deux lettres pages 51 et 52.)

Oran, le 16 Novembre 1875.

À Monsieur le Gouverneur Général de l'Algérie.

Monsieur le Gouverneur Général,

J'ai eu l'honneur, à la date du 14 Septembre dernier de vous adresser, ainsi qu'à M. le Préfet du département d'Oran, une demande d'indemnité basée sur le préjudice que m'a causé le service des Ponts et chaussées en ne remplissant pas les conditions de mon contrat avec l'État du 24 Mars 1873. J'évaluais ce préjudice à Cent cinquante mille francs tout en offrant à l'administration d'accepter le chiffre qu'en fixeraient des experts. Ma demande du 14 Septembre vous informait aussi que le mode de règlement qu'avait employé le service des Ponts et n'était pas du tout conforme aux conditions de mon contrat du 24 Mars 1873 et qu'en suivant pour régler un travail dirigé suivant le mode du Génie, les règles de comptabilité du service des Ponts et chaussées on m'a mis dans l'impossibilité d'y voir goutte dans le règlement fantaisiste dressé six mois au moins après l'achèvement des travaux pour lesquels il ne m'avait jamais été remis de projet. Il est bien facile de comprendre que quand l'administration fait dresser un projet par le service des Ponts et chaussées puisqu'elle le met en adjudication et dit à l'Entrepreneur Voilà les pièces du projet, Vous n'en devrez pas sortir sans un ordre écrit des Ingénieurs, le règlement des travaux peut se faire six mois et même un an après leur achèvement, mais tel n'était pas mon cas. Mon cahier des charges avait été dressé par le Génie, il stipulait que je devais faire tout ce que voulait le service de surveillance. Je ne pouvais ni renvoyer, ni même déplacer mes ouvriers et mes employés, dans de pareilles conditions il était donc indispensable de me régler au fur et à mesure le travail que l'État faisait exécuter. Il n'en a pas été ainsi fait. On n'a pas réglé les travaux pendant qu'ils s'exécutaient et ce n'est que quand j'ai dû abandonner mes chantiers devant les menaces et les poursuites de mes ouvriers et fournisseurs que le service des Ponts et Chaussées a fait son règlement qui a duré plus de cinq mois.

Je n'ai l'intention de rien dire de blessant pour l'Administration, ni même pour l'auteur volontaire de tout ce désordre, mais il est bien évident que mes intérêts ont été sacrifiés dans ce règlement qui a obligé le service des Ponts et chaussées à me payer des sommes considérables alors que depuis six mois on avait dit qu'on ne me devait rien. Il est bien aisé de concevoir que je juge et à parti dans le débat où le service des Ponts et chaussées n'a compté quoique m'était par trop visiblement dû.

Un fait indéniable ressort de ce que je dis, un règlement avait été fait par le conducteur et l'Ingénieur d'arrondissement, Mr. l'Ingénieur en chef en a fait établir un autre dans ses bureaux, dans lequel on a changé arbitrairement des prix débattus contradictoirement entre l'Entrepreneur et l'Ingénieur et déjà accepté par l'Ingénieur en chef.

Je ne puis pas croire que l'Administration supérieure se laissera induire en erreur par des subalternes désireux de cacher leurs fautes. J'ose donc espérer, Monsieur le Gouverneur Général que vous jugerez avec toute le soin qu'elles comportent les graves affaires que je vous ai soumises et.

Je suis d'un autre côté obligé de vous prier de hâter votre solution, je ne puis pas laisser mon matériel et mes installations dans l'état d'abandon où ils se trouvent; ni rester moi-même inactif. Je ne puis prendre des décisions qu'à près avoir été fixé par votre décision.

J'ai l'honneur d'être . etc ...

Signé : H. Girard./

Division d'Oran - État-major - affaires arabes - N° 1992.

Oran, le 14 Décembre 1875.

Monsieur,

Mr. le Gouverneur Général m'a communiqué la lettre que vous lui avez envoyée le 14 Septembre dernier, ainsi que celle que vous avez écrite à Mr. le Préfet d'Oran à la même date.

Voici les réponses à vos diverses questions :

Premier point. - Les divers mandats que vous avez reçus jusqu'au 14 Septembre forment-ils réellement le solde que l'administration reconnaît vous devoir ?

Oui, les mandats de paiement qui vous ont été délivrés forment le solde définitif de l'entreprise. Les décomptes à exiger sont définitivement arrêtés et le montant intégral en ayant été ordonnancé à votre profit, l'administration est en droit de se considérer aujourd'hui comme entièrement libérée envers vous. Toutefois, vous conservez la faculté de présenter, dans le délai de six mois, après la notification qui vous a été faite de ces décomptes, telle revendication que vous jugerez convenable contre leurs fixations.

Deuxième point. - Pourrez-vous prendre communication dans les bureaux du service des Ponts et chaussées de toutes les pièces de comptabilité relatives à l'entreprise ?

Oui, vous pourrez prendre connaissance quand vous les voudrez dans les Bureaux de l'Ingénieur des Ponts et Chaussées de Mostaganem, de toutes les pièces qui ont servi à l'établissement de votre compte définitif.

Troisième point. - L'Administration est-elle décidée à réparer le préjudice de Cen...

cinquante-mille francs, avec intérêts à partir dudit Septembre, provenant du non-paiement en temps utile des sommes considérables qui ne vous ont pas été réglées depuis la fin d'Avril jusqu'au 14 Septembre?

L'Avis de Mr. le Directeur du Génie est que ne vous étant pas conformé à l'article 33 du devis général, en imprimant aux travaux, contrairement aux ordres formels et précis des Ingénieurs, une marche telle qu'il était impossible de s'assurer de la réalité du service fait, l'Ingénieur en chef était obligé de réduire les à-comptes qui vous ont été donnés, à un chiffre inférieur aux 11/12 de la situation approximative que lui adressait chaque mois l'Ingénieur ordinaire.

Il vous appartient de saisir de cette affaire, par voie contentieuse, le conseil de Préfecture, si vous le jugez convenable.

Recevez, etc...

L'Général de Division commandant la Division,

Signé: Ad. Osmont.

Oran, le 23 Décembre 1875.

A Monsieur le Gouverneur Général de l'Algérie.

Monsieur le Gouverneur Général,

Vous m'avez, par lettre No. 69, du 3 du courant, bureau des travaux publics, fait l'honneur de m'annoncer que vous avez chargé Mr. le Général Commandant la Division d'Oran de faire instruire ma demande en dommages-intérêts. Vous ajoutiez: Lorsque tous les éléments d'appréciation que je réclame me seront parvenus, j'aviserai à donner à vos réclamations la suite qu'elles m'auront paru comporter.

Je m'attendais à me voir demander de la part de Mr. le Général Commandant la Division des renseignements qu'il aurait vérifiés et vous aurait transmis avec son appréciation. Rien de semblable n'a été fait, le premier et unique avis que j'ai reçu de la Division est daté du 14 Décembre. Il me dit que Mr. le Général repousse ma demande d'après l'avis de Mr. le Directeur des fortifications.

Je ne discute pas l'avis trop facile à réfuter de Mr le Directeur des fortifications. Je me borne à vous déclarer sur l'honneur que ce fonctionnaire s'appuie sur un fait faux qu'il n'a pas pu vérifier et qu'il a accepté comme argent comptant. d'ayant rien trouvant rien de mieux que de faire retomber sur faux sur un entrepreneur.

J'attendrai, avant de poser l'affaire au conseil de préfecture, votre décision annoncée par la lettre précitée du 3 Décembre courant.

Agréez, etc...

Signé: J. Gérard.

Gouvernement Général de l'Algérie.

Direction générale des affaires civiles et financières.

Bureau des travaux publics – N° 187. Travaux du Sahra.

Alger le 5 Janvier 1876.

Monsieur,

Par lettre du 23 Décembre dernier, vous m'avez déclaré ne pas accepter les conclusions de Mr le Directeur du Génie d'Oran, au sujet de votre demande en dommages-intérêts pour les pertes que vous auriez eu à subir du fait de l'Administration, comme entrepreneur des travaux du Sahra.

Vous prétendez en effet que l'avis de Mr le Directeur du Génie s'appuie sur un fait faux, dont vous ne spécifiez pas toutefois la nature et le caractère.

Dans ces conditions et jusqu'à ce que vous m'ayez adressé des explications suffisantes pour éclairer ma religion, je suis résolu à maintenir purement et simplement la décision que Mr le Général Commandant la Division a prise, en conformité des appréciations de Mr le Directeur du Génie, et qu'il vous a notifiée par lettre du 14 Décembre dernier N° 1992, État-major.

Recevez, etc...

Le Gouverneur Général, absente,
Le Directeur Général, chargé de
l'expédition des affaires civiles,
Signé : de Coussain ./.

_____

Oran, le 8 Janvier 1876.

À Monsieur le Gouverneur Général de l'Algérie.

Monsieur le Gouverneur,

J'ai l'honneur de vous accuser réception de votre honorée dépêche N°. 18 du 5 Janvier, bureau des travaux publics, qui vient de m'être remise.

Je n'ai pas, dites-vous, spécifié la nature et le caractère des faits faux sur lequel s'appuie l'avis de Mr. le Directeur du Génie.

Le seul que je puisse connaître et auquel j'oppose le démenti le plus formel est en même temps l'unique qui soit relaté dans la décision de Mr. le Général Commandant la Division.

Je le retranscris : « Ne vous étant pas conformé à l'article 33 « du devis général concernant aux travaux, contrairement aux ordres « formels et précis des Ingénieurs, une marche telle qu'il était impossible « de s'assurer de la réalité du travail fait. »

Je le répète, cette allégation est mensongère, elle a été inventée par des employés fautifs voulant rendre l'entrepreneur responsable de leur incurie.

La vérité est que le Service des Ponts et Chaussées n'avait arrêté aucun projet en commençant des travaux sur lesquels j'avais quatre cents ouvriers. Il était bien décidé à ne pas suivre celui du Génie, mais il n'avait pas au soin d'en dresser un.

Les agents d'exécution qui ne devaient que ... et appliquer d'après un projet arrêté ont dû faire un projet de toute pièce, ce qui n'entrait ni dans leurs attributions ni dans leurs moyens. Ils ont non-seulement été débordés, mais ils ont modifié d'une manière si considérable le talus naturel des terres qu'ils ont déterminé des éboulements qu'ils ont voulu dissimuler.

Voilà pourquoi aucun métré ne se faisait aux époques réglementaires et pourquoi je me suis trouvé dans la situation terrible par laquelle j'ai passé.

J'ai fait tout mon possible pour trancher à l'amiable avec l'administration cette fâcheuse affaire, mais je vois qu'on se joue de moi. Certains propos qui ont été tenus au château-neuf, et qui m'ont été rapportés me décident à introduire mon instance au conseil de préfecture et à demander la nomination d'experts qui tireront les faits au clair puisque l'Administration Supérieure ne peut le faire.

Je croyais, Monsieur le Gouverneur Général, vous avoir clairement démontré que mon intérêt ni celui de l'État ne voulaient cette solution. Je n'y recours que parce qu'on m'y oblige.

J'ai l'honneur d'être, etc...

Signé : S. Girard.

www.ingramcontent.com/pod-product-compliance
Lightning Source LLC
LaVergne TN
LVHW022014080426
835513LV00009B/717